感谢生命的奇迹，它分开来是暂时，合起来却是永久。它是一个不懂疲倦的旅客，总是只暂时地在哪一个个体内住一会儿，便又离开前去。那些个体消逝了，它却永远存在。它充满了希望，永不休止地繁殖着、蔓延着，随处宣示它的快乐和威势。

永久的生命

部编语文教材配套阅读丛书

YongJiuDe ShengMing

严文井 ⊙ 著

（严文井散文精选）

永久的生命

作家出版社

猫真是令人宠爱的动物，它不比狗傻，却比狗沉静而秀气。它也会观察主人的神色。如果它从厨房里偷跑了半条鱼，过一会儿再转来躺在炉子上的时候，不怕已经过了两个钟头，女主人悄悄拿起一条帚子，它不等女主人动手，就一溜烟爬上楼梯逃走了。等事情过去之后，它照样很放心地躺在你膝头上打呼。

小熊及其他

第一章　永久的生命

永久的生命 ・・・・・・・・・・・・・・・・・ 2

山寺暮 ・・・・・・・・・・・・・・・ 4

黑色鸟 ・・・・・・・・・・・・・・・ 11

平原的谣曲 ・・・・・・・・・・・・・ 13

小雄及其他 ・・・・・・・・・・・・・ 16

阳光的记忆 ・・・・・・・・・・・・・ 20

风　雨 ・・・・・・・・・・・・・・・ 26

世故的小丑 ・・・・・・・・・・・・・ 46

秘　密 ・・・・・・・・・・・・・・・ 51

三个晚上 ・・・・・・・・・・・・・・ 53

世界一点也不稀奇 ・・・・・・・・・・ 56

人与猫 ・・・・・・・・・・・・・・・ 58

春夜过黄河 ・・・・・・・・・・・・・ 62

我吃了一串葡萄 ・・・・・・・・・・・ 65

信　仰 ・・・・・・・・・・・・・・・ 67

论友情 · · · · · · · · · · · · · 69

一朵淡紫色的小花 · · · · · · · · · 73

阳　光 · · · · · · · · · · · · 74

第二章　中国人自己的美

我的兄弟们 · · · · · · · · · · · · 76

延安的回忆 · · · · · · · · · · · · 79

长城旅客梦 · · · · · · · · · · · · 81

时间的奇迹 · · · · · · · · · · · · 98

从一个老故事谈起 · · · · · · · · · 102

莲花和樱花 · · · · · · · · · · · · 105

在书市上的胡思乱想 · · · · · · · · 107

我的再一次回答 · · · · · · · · · · 109

中国，中国！ · · · · · · · · · · · 111

献一束杜鹃花 · · · · · · · · · · · 113

我们看到了你们 · · · · · · · · · · 115

如 果 · · · · · · · · · · · · · 117

在里程碑旁 · · · · · · · · · · · 119

我是一个小小的回声 · · · · · · · · · 122

从零和一讲起 · · · · · · · · · · · 124

谈读书 · · · · · · · · · · · · · 126

中国人自己的美 · · · · · · · · · · 128

一个老人这样回答 · · · · · · · · · 130

第三章　我仍在路上

给匆忙走路的人 · · · · · · · · · · · 134

"教我做个好孩子" · · · · · · · · · 137

只要我们心里有孩子 · · · · · · · · · 139

目录
MU LU
YONGJIUDE SHENGMI

枯黑的手 · · · · · · · · · · · · · 140

我只是个不速之客 · · · · · · · · · · 142

我作文的第一个引路人 · · · · · · · · 144

一直在玩七巧板的女寿星 · · · · · · · 147

关于萧乾的点滴 · · · · · · · · · · 151

一个低音变奏 · · · · · · · · · · · 159

题张守义《斗鸡图》 · · · · · · · · · 163

未写完的畸形小传 · · · · · · · · · 164

我仍在路上 · · · · · · · · · · · · 169

写给金太阳 · · · · · · · · · · · · 170

启　示 · · · · · · · · · · · · · · 172

谈悲哀 · · · · · · · · · · · · · · 174

春节忆父亲 · · · · · · · · · · · · 176

啊，你盼望的那个原野 · · · · · · · · 180

小草哀歌 · · · · · · · · · · · · · 186

悼沈从文先生 · · · · · · · · · · · 190

第一章　永久的生命

　　感谢生命的奇迹，它分开来是暂时，合起来却是永久。它是一个不懂疲倦的旅客，总是只暂时在哪一个个体内住一会儿，便又离开前去。那些个体消逝了，它却永远存在。它充满了希望，永不休止地繁殖着，蔓延着，随处宣示它的快乐和威势。

永久的生命

　　过去了的时间永不再回来。一个人到了三十岁的边头就会发现自己丢失了一些什么：一颗臼齿，一段盲肠，一些头发，一点点和人开玩笑的兴味，这意味着他已经失去了那大半个青春。有限的岁月只能一度为你所有，它们既然离开，就永远不会再返回。智者对此也无能为力！个人生命不像一件衬衣，当你发现它脏了、破了的时候，就可以脱下它来洗涤，把它再补好。那存在过的忧愁，也许你能忘却，但却不能取消它遗留下的印迹。我们都非常可怜！

　　人们却不应该为此感到悲观。我们没有时间悲观。我们应该看到生命自身的神奇，生命流动着，永远不朽。地面上的小草，它们是那样卑微，那样柔弱，每一个严寒的冬天过去后，它们依然一根根从土壤里钻出来，欢乐地迎着春天的风，好像那刚刚过去的寒冷从未存在。一万年前是这样，一万年以后也是这样！在春天，我们以同样感动的眼光看着山坡上那些小牛犊，它们跳跳蹦蹦，炫耀它们遍身金黄的茸毛。永远的小牛犊，永远的金黄色茸毛！

　　感谢生命的奇迹，它分开来是暂时，合起来却是永久。它是一个不懂疲倦的旅客，总是只暂时在哪一个个体内住一会儿，便又离开前去。那些个体消逝了,它却永远存在。它充满了希望,永不休止地繁殖着,蔓延着,随处宣示它的快乐和威势。

我的伙伴们,我们的心应该感到舒畅。那些暴君们能够杀害许多许多人,但是他们消灭不了生命。让我们赞美生命,赞美那毁灭不掉的生命吧!我们将要以不声不响的爱情来赞美它。生命在那些终于要凋谢的花朵里永存,不断给世界以色彩,不断给世界以芬芳。

凋谢和不朽混为一体,这就是奇迹。

山 寺 暮

　　多霉湿的地方，连山地也是潮润的。草呈绒状地爬遍了山坡的上下。林木密密，枝叶如同帐幕。除了稀稀拉拉几个小圈圈黄光落在地上外，阳光就大部被截留在树林之上。细条子路软软地隐入草丛，人则在路上觅找着途径。过了一个季节，竹笾子少来的时候，林木加倍茂盛，山地就一天比一天沉静了。

　　上山人打点步子走进林子，一只脚踏入草内，鞋面已经为露水所湿透。受了惊动的林雀，哄然一下从草堆内射出，像一发榴霰弹，投向林梢。

　　这个人也受惊了，带跳地连跨了两级石阶，偏过头来，眼睛没有目的地向四周绕了一个圈。羊齿从每一级石缝里长出来，当中间杂了些开暗黄色小花的不知名的灌木扫着他的腿。既然没有什么可以久看，他落下眼来，又跳上了两三级。一些人正在往下走。几顶帽边同一部分脑袋在树枝内闪。一些零碎的笑语从上面抛出。上山路是一个大的锯纹，先是向着北，到中间一个宽一点的地方又折向西。拐角处上下的人彼此碰见了，那些人脸红红的，喘着气，一齐看看他。他不知为什么有些不好意思，可能是意识到了自己的孤单，闪过了他们，稳稳帽子又连着跳起来。下山的那一伙正走在自己的底下。

上山人轻快地走在没有人的路上，吹起口哨来。

这里的树是些白杨。

吹着口哨，游山人想着原始人与林子的故事。林子供给了原始人的生活，也供给了他们的梦。自己几乎也如树居人一样爱好林木，虽然说不出是为什么，但这个无理由的爱好林木的心几乎近于疯狂。他把树林当作一个乐曲，游山人也爱好音乐。

口哨有点吹得不成腔。

"倒有了一个十六拍的修饰音了。"树林内出现了一方小小的空地。一二丈宽，从前被弄得很平，此时却像一个二十五岁人一星期没有修脸，杂杂地直竖着一些胡子样的草。野树在空地周围旋转，形成一个不规则的圆。这真是一个乐曲内的静止效率。

圆心坐着一个塔状的台，用几十块大麻石砌成，四角被风雨琢磨得很光，上面有一些残蚀了的刻字，述说着一段高深的禅语。游山人很快懂得了：若干年前有一个出家人圆寂了。他没有细看，这时他想逃避一切字迹。

在这个地方，谁还让自己长久站立呢？

游山人乃展开布包，取出旧报纸铺在地上，长长地吐了一口气，身子往下一弯，人就胶结在地上了。吞咽一点水壶内的凉水，再剥食一个橘子，这时才感觉到累与渴。摸出一支弯扁了的烟，理直了，小心地点着，才有闲暇考察这些和尚们的骨灰埋藏所。烟子徐徐地由一个个圆圈裂开来分散成轻雾。

"清朝的。"他想。

"不，民国元二年的。"掸了掸烟灰，像一个考古学家一样搜索这碑铭的奥秘。这个人有几分浮浅。"何必！反正有一些年代就算了！"

他对自己的独白感到不耐烦。

一只水鸹鸪在远处叫。游山人看看天，天上没有云。"雨吗？"手支住了头。眼睛又盯住那墓志铭。

在一颗疲乏的心前面，这些字如同巴比伦的楔形文。水鸹鸪叫得很忧伤。游山人低下头，折断一根狗尾草在手里弄。一支烟随着风很快燃烧完了。最后一粒火星袅出一丝蓝烟时，他站起身，用脚盖住了那点光。风扬翻了地下的报纸，反面印上了一大块绿的草汁。

前面仍然是曲折的山路。

草丛里有一些毛竹，游山人俯身拔出了一条竹根，敲掉泥土，使手里竹根鞭得呼呼地响。他想起放牛的皮鞭，想起那爆竹一样的声音时，竹根扬过肩头，扑地一下打在一枝树干上了，震落了几片叶子。游山人更由这一鞭记起了一段稗史：从前有个鲁智深，一禅杖打折了一株松。他胡乱地想，不觉加快了步子。

山石子在脚底下窸窸窣窣发出声响。一阵线香气从风里传来。越过十几棵树，抬头一看，好一个所在！游山人想照着小说中人口语叫一声。逆着风出现一座山门，门扇贴墙，高木槛被来往的脚擦得光滑，游山人悄悄向前走，噘着嘴纵上了一层台阶。

"南无阿弥陀佛！"他叫了一声。

随着就笑起来，也许这就是滑稽。山门里没有看见另外的人。古时，那客商们在长途跋涉后得到一处安顿的地方，那就是旅店。这里像是游山人的一个旅店，但他没有行囊，也没有随身刀剑，更无陪伴的仆人同骏马，于是轻轻松松跨了进去。

这里有四大天王，脸朱红色，作出怒容，脚下躺着一些小鬼，手执雨伞琵琶之类。这里是喜、嗔、悲哀、思虑、坦然、怒、愤的多姿态的众罗汉。泥偶下散布着几个无表情的信徒。手背在背后，游山人睁大了眼走过去。庞大的牛皮鼓都漆上了金，铜钟如塔，吊在粗壮的木架下。他摆下笑脸。

"古印度，天竺。"

一些零碎的词儿在他眼前跳动。

香烟围绕绣幔，模糊了雕花的大殿，游山人给熏出泪来了，就去摸索手绢。前面是一个袒腹、满脸笑的胖大菩萨，游山人含泪对他做了个鬼脸。"倒是一个快乐的家伙，这市侩！"游山人突然记起了几段讲因果的善书上的传说，有善男信女等可以看见佛的白象和宝莲，以及那环围以众比丘的庄严仪仗，还可听见那奇异的梵乐，游山人想起一种哭泣的声音，向自己说：

"这些人惯爱做白天的梦。"

鄙夷地笑了笑，轻轻用手绢拭拭眼角，一只腿支持体重，一只腿画了个半圆，折转身看看那黑沉沉的佛脸。

两三个香客匍匐在蒲团上喃喃祈祷。游山人背后站着一个多瞌睡的小沙弥，他只有十二三岁，檀木的烟子却熏得他老大了三四年。他也跟老和尚们一样穿灰色大袍，眼皮耷拉在他呆凝的眼珠上。游山人指鞭向他，似乎有所询问。这小家伙没有看见，擦眼打呵欠，拖着大袍，摇摇晃晃走过游山人面前。游山人不好出声叫。既已失掉了这谈话的对象，游山人没事可干，只在殿里来回游荡。

佛殿大部都是阴暗的，人像影子站在其中。

游山人低下头，也觉得几分困倦。这黑洞洞的景象给他一个想安睡的引诱，听着自己的呼吸从鼻孔内穿出咝咝的声音，心平静下来。听见别一个殿上微弱的诵经声，那腔调和夏夜里瞎子卖唱的拉的二胡有一点近似，几分神秘味儿加几分柔弱味儿；和古式人的读书读到三更的腔调也有点仿佛，都是一样温文疲倦。游山人的耳听不真，猜想在

另一殿上诵经的和尚大约有好几十。心内如同看见这几十个逃避的怯懦的光头人在一些弯曲的黑隧道里俯身而行，手合着十，半闭的眼缝里透露出一点怀疑的胆小的神气。游山人想仔细一点听那伤感的和平的调子，可是他听见的只是自己的鼻息。檀木香加浓他的困倦，游山人的眼内有点花花在跳动，他感觉到一点薄薄的引诱，很淡很远，然而有一种力。他明白了。他笑了。

"这就是宗教。"

游山人不再像先前那样单纯，脑子内有些什么东西在叫唤，像一些蛆虫在扰动。他感到奇怪，有点像失眠后的症候开始发作。他不安，简直有点焦躁。

"宗教是为处境恶劣的人的。"他企图为自己的情绪找出一种解释。殿内一切都静止，游山人枯立着，仿佛众泥偶中的一个。

游山人开始找寻理由。

"可不是吗？以色列人从埃及地出来，觅找那他们希望的牛奶与蜜的寄生场所，在大而不毛的迦南地奔波了四五十年，为了继续生存，不能不有坚强的信心，因此万分信仰他们的耶和华。商队、无定居的游牧与阿拉伯沙漠产生了阿拉。苦热郁闷的恒河与印度河区域，疾病、天灾，和变幻不定的恶劣气候，那里的人就成为跟随人家信仰的盲从者。这又是为什么？"

游山人的思想如一段论文，他想用这一段论文来抑制一个内在的冲动。想到自己过分地把地理环境与宗教拉拢，似乎特创了一种怪论，又有点不好意思，好像被人发现了这穿凿似的，抱歉地耸了耸肩。

小沙弥们靠香桌两头站定，敲起磬来。这清脆的音响飘浮着浸遍了黑的大殿。从殿的四角回震着铙钹似的声音。游山人认为自己不被包括在这个圈子内，就重新镇定地看着那些信徒们礼拜。

游山人木了片刻，又看看那微微转动的琉璃灯。

他很明白一些思想是愚蠢的，但他心思很不集中，旋转着超脱、涅槃、智慧、庄严世界、永生一类的意念。他烦乱，真正感到了累，慢慢垂下了眼睛。他数着地上的一个个蒲团，脸上没有表情，凝固如同十二月之冰。他握紧拳头，记起手内还有一条鞭。一抬手，鞭落了。

"荒唐！"游山人挪动了那双入了定的腿。

走在迂回的殿廊上。拐角处，有行乞僧席地而坐，面前搁着求施舍的钵子。阴影挂在那些菜色的脸上，天是近黑了。游山人有点悚，急匆匆走过殿廊，走过了喂养五爪猪的栏栅，有点风吹在他脸上。

脚踏在草内了。

"干吗这么慌？"一只脚刚预备提起来，便又停下，一个水池展开在前。游山人慢慢走了过去，支肘在池边的石栏上。水散发着腥臭气，一头头龟伸头在水面，吐出白泡，水面上还漂着残余的食物。游山人拾起一块石子投下，激起一圈圈波纹，颤动着四向散去。龟都藏进水中了。波纹消灭后，游山人在水上照见了自己的脸。天晚了，脸带阴色。

寺院后一个塔尖在探头瞭望。

于是又吹起口哨，游山人内心有点空洞。

有磬的声音留在后面。口哨的调子多着半音。几声夜鸦凄凉的鸣叫从林子内升起。塔尖上卷过了疾奔的黑云。这阵雨毕竟会来的，游山人踌躇着。林子内的路变得更加模糊，枝丫间忽然发出了海潮样吼叫，就像几百个朝山客从三十六个方向宣诵着佛号，敲打着小锣，一齐拥进一个狭小的山门时那样嘈杂，那样响。

游山人的心里飘着一个寺庙的阴影。他看见几个玲珑的怪状的檐尖刺在天空里，上面绕有雾样的烟子。一个巨灵作怒容而立，不，是

一个金色的胖脸朝他笑。一些铙钹及磬在耳边敲，夹杂了咒语，又有几个沉思的僧人穿着铁青的大袍在风里飘扬而过。游山人呸了一下，睁眼看看自己的脚。

"我没有得热病。"

他咬咬嘴唇。

"有什么呢？傻子！我是树居人、原始人，我野蛮，我是鲁智深，一禅杖打折了一株松。"

一声悠徐的钟鸣，游山人决定下山。林丛变得一片深黑，落着小雨点。游山人腿脚有点软，但他试一试迈开大步，草茎刷着鞋，他睁大了眼。

雨点打在树叶上丁丁响。

黑色鸟

黑色鸟是不幸的象征。当人们走过一条幽僻的小巷，无意中看见它的侧影，或是听见了它那干燥的叫喊时，便会厌恶地吐一口唾沫，低压了眉毛，疾疾地走过它，似乎逃掉得愈快愈好。

在梦里，黑色鸟是第二天不快活的引子。

我知道一个老妇人，虔诚地执着念珠，眼睛向自己看着，慢慢地走着她那不多的途程。

"呵？没有什么！呵！平安。"

她以恐惧战栗的声音，宣诵着佛号，眼内充满了泪，看着一只黑色鸟从她头顶上越过，飞向漠漠的天空。

我既不是由于冷淡，也不是由于勇敢，我不去想一些别人时常想着的事，仅仅是因为我倦于没有结果的思想。虽然我不见得老是快乐，而我却不对任何事物作杞忧的揣度，黑色鸟不能引起我的什么感觉。

我看见一只黑色鸟待在我窗外最近的一个屋檐上。

我的窗板同纱幔都是紫色的，在窗子内看见的它的羽毛于是有了红的色泽。这一段时间很长，它是沉静的，沉静地站立在它那个位置上。

它的眼睛显出富于思索的神气，倾斜着脑袋向四方谛听，随后它又轻轻啄理它的羽毛。它是那样从容不迫，我注意到那钩曲的长嘴在它的翅膀上不断移动。

我没有动一动我的眼。

我开始觉得有一个思想要来侵袭我，我于是用手支住了头。那是一些什么东西？它们存在于什么地方？我问，我期待，而我一无所得，我的头脑像无云的天空一样地空。

我听见钟声自远处传来。我看着黑色鸟的羽毛上令人眩惑地光辉，那光辉脱离了它的羽毛，射出长长的芒刺在空中。我那个将要来临的思想停在不可知的地方了。

黑色鸟正在俯瞰地面。它的身躯还是牢牢不动，它拖下了翅端。

我发现了这个思想。我想起了那个又熟悉又陌生的面孔，那双眼睛正散射出柔和的光彩，她正在向我走来。一个幽怨的微笑展开在那略带雀斑的脸上，我看见一双眼睛睁开来，那眸子特别深，我好像正躲藏在那个最深的地方。那睫毛上有一些泪水，或者是露珠，正在提醒我分离的时间已经到了。我看见一片紫，一片深紫，一片青黑。我看不见任何东西。

"呵！我的天！这不是思想，这是回忆。"

我不知所措地绞着我的手，忍受这奇特的刑罚。

等我再睁开眼来，黑色鸟已经展翼飞起。它低沉沉地叫了一声，我的窗格就遮住了它。我耳朵内留下的那干燥苍老的叫声使我辨出了一种可怕的景况，我记起了宣诵佛号的老妇人。

"没有什么，没有什么，黑色鸟。"

平原的谣曲

我渐渐习惯了这个平原，爱上了它的安静。就连坐落在这个平原上的城市，也比别的城市显得开阔，多一些宁静。这个城市本身就是平原的一部分。我并不认为这个城市会无故缺少音响，而是四周皆不局促，安排得一切都很妥帖，很舒展，我才这样说。

就如路旁那所新建的房屋，我天天散步经过它，知道它成长的每一细小过程，然而回忆这工程的进展时，我头脑里总只有图画，而无声音的记录。不但这，连一切有血液的活物都寓有平原那辽阔的、静默的耐性。这例子最好看一个中年商人和他那一群骆驼的步伐。

这个黄昏，有变天的征兆。墙壁、屋檐，和天空，都红如炽燃的木炭。晚霞腾起，好像凝结了的火焰。

营房内的伙计们大概又齐一地度完这一天了。军号声潜行到我的耳边。那些从小听惯这声调的人，容易把它认作一种可亲的谣曲。它生根在那些正发育的心上，伴他们长大。谣曲能够令人荒唐，让他的神思飘然远浮，如同读了一章凄切庄严的古史。所以军号在我耳内，也自有万分秀气，善说会辩，可以诱出悲愁。

小风揉摇街树，枝叶作碎语。石匠们还捶打着，边吟唱那不会倦

的蹦蹦调。这些声音混合渗透在大气内，如同土地的呼吸。我们都似乎变得懒惰，没有谁先开口。怎样的静谧啊！杨槐下，一个婴孩手内执的叶子被他保护人吹得珠珠响，婴孩嘻嘻笑了。

自筑路工的芦席棚里溢出一点点旱烟味，我看得见我的猜想像轻烟一样浮在面前。

怎么回事？宽肩的汉子们，在这样的小窝里，你们该是背靠背，挤在一堆，有点委屈吧？幻想一点什么，谈讲一点什么吧！在这安息的时候，应该有些古往今来的传奇代替日子艰苦的述说。

我为这些伙计们的笨拙同纯良估计过一宗埋藏的力，但我太贫乏，我找不出比雷电更狂厉的天象来使我的幻想变得更具体。我也曾以他们为素材说过一个不幽默的笑话。那是大刮沙天，这些汉子们全歇进窝了。我顶着风沙走过这条路，看路上无人，棚子紧紧关闭，就为这一点点温暖引起我的妒忌。我想对这些朋友们说："隐士们，你们快乐。"当然我没有张开口。

不应该只责怪我，我和不少人一样，是喜欢看演员的化装室的。我怎么肩得起这么大的过失呢？世界上有的是不知足的好汉。

一头骡子同它的车正挡在我们的面前。我们停一停，让它过去。

"这车装运的是时间同历史。"朋友说。

"骡子是漂亮的东西。"

是因为我喜欢它的面容才如此说。长脸是忠诚，不眨动的大眼代表热望。当它们俯首在豆筐里，或默默在反刍时，看起来总是在沉思，有些说不出的忧郁。它毛上的棕色却又那样热烈。

有一种矛盾可以作为和谐解释。这样的例子我知道一个。那是一个多瞌睡的暑天中午，在树荫下我看见一辆休息的车。车夫铜色的脸满是汗水。我走拢去时，他正举起鞭来。我以为这辆车又要起行了，然而那一鞭并不是为了抽打，而是轻轻落下去，帮助牲口驱拂蚊蚋。我可以为这个举动保持缄默，因为我不善于用合适的话传告这消息给第二个人。不曾在透不过气来的灰尘里，同着牲口上过坡，不曾看过那弓起的背脊，同那满嘴涎沫的人，对于这景况将永远是口才笨拙的。

骡车远去，在我幻想的空间里却依然充满那抽筋似的轮轴的号叫同铃声。

树冠同屋尖做成一个高低不平的环，灰黑的影逐渐加快，游动，夺去明亮的光色。红霞渐渐收缩为一条歪斜的云带。一抹铁青，外端镶着极薄一层暗红，夜已经来到了天空正中。云与地之间有一片窄窄的空隙，如同一方窗子，剩下白日的一条尾，那当中还留有一些绿色，及归巢的鸟。

一恍惚，那窗户就合上了。

街灯的光给一个个过路人改换着长短的影。草虫鸣声混合在远处的铁轨的隆隆震动声里。汽车喇叭声四处游动，撒野放荡如古仙人。原来几颗疏星仿着阿米巴的分裂，顷刻繁殖到全天空都是。不知何许人玩耍花炮，一条蓝光抛在空中，突然爆裂消灭。

我感觉到一点战栗。朋友起始用低声谈他的想望，那是广大、华美，而多稚气的。

小雄及其他

　　猫真是令人宠爱的动物，它不比狗傻，却比狗沉静而秀气。它也会观察主人的神色。如果它从厨房里偷跑了半条鱼，过一会儿再转来躺在炉子上的时候，不怕已经过了两个钟头，女主人悄悄拿起一条帚子，它不等女主人动手，就一溜烟爬上楼梯逃走了。等事情过去之后，它照样很放心地躺在你膝头上打呼。

　　因此我不断地喂着一只猫。

　　不久前喂的是一个顶雄壮的公猫。一些猫的好名字都被我用过了，或被我的爱猫的朋友们用过了，在我几乎因想不出一个好的猫名而要承认自己没有才能的时候，我就叫它作小雄。小雄的确很雄壮，有一身华美的灰色花纹的毛。它有一股傻劲儿，喜欢跟我的手进行搏斗，把我的手当成另外一只猫。可是它不伤害我，如果它咬住了我的手指，它的牙齿只轻轻接触一下就松开。它的利爪从不伸出来，虽然它像一匹小老虎样咆哮，打滚。

　　我时常亲手调护它，我要保证鱼和饭真正拌匀，才放在柜子上给它吃。我的狗每每因此妒忌，在柜子下面愤愤不平地尖声哼叫。

　　冬天晚上，小雄一定要钻进我的被窝。如果我睡着了，我将被它唤醒，再不然它就用胡子扎我的脸，使我发痒。我只好揭开被窝让它呼噜呼噜地钻进去。后来我让它睡在被子外面的毯子内，因为我的睡觉同清洁开始受到一个人的干涉了。

天热了，它更令我喜欢。我讨厌夏夜到处巡行的蟑螂，而我住的地方蟑螂总是很多。小雄能够在我们乘凉的时候耐心守候在板壁下，用它的爪子去击打蟑螂，态度像一个小顽童。

"小雄！"我叫。

"它叼着什么来了？"坐在我旁边的人说。

"蟑螂。"

"捉蟑螂的猫。"

"因为我不喜欢蟑螂。"

"你的忠心的猫。"

"对的，凡是我的都忠于我。"

"大话！"

"但是，凡是我的我也忠于她。"

小雄便被四只手抚摸起来。这是一个好时候，它喉咙管里呼噜呼噜响着。也许它会对这加倍的宠爱感到惊讶；也许它不，这种待遇已经不算刚刚开始。

我时常搬家。我的猫和狗便随着这个不固定的家搬来搬去。据说："狗认人不认屋，猫认屋不认人。"的确，我的一只白色胖猫便是在一次搬家之后失去的。但是，小雄不那样，它跟着我改换了几个住处，没有走失。

另外一个春天，我又搬家。起始我很小心，我把它关在我的新卧房里面。不久，我认为它不会野，便放心让它上房活动一下。虽然它有时走得远一点，但它很快认识了我新居的窗子，它会在窗外轻轻叫

我。我打开窗子，它在窗槛上用脑袋在我的肩膀上挨挨擦擦，我就替它搔搔痒。

它一天一天变得好看，一天一天大起来。它还是很热情，时常跟我的手开仗，角力。它仍然睡在我的被子外。

在这个新居内它有了第二次恋爱，这是秋天。

"小雄，乖！"她一进门就叫。

"你不是反对过它吗？"我一只手交给小雄，一只手便交给了她。

"可是我现在喜欢它。"

"不妒忌它了？"

"多嘴！"

小雄以好奇的眼光看着我们。它到底是一只猫，虽然它聪明。

"它在看我们！"她提醒。

"害羞吗？"

不回答我，她代小雄打一个红绸子结。

冬天我又搬家。

第一天我还是把它关在新居里。它跟着我转，让我处置它躺下。它很安静，虽然它的晚餐吃得又晚又不丰富。

晚上，它睡在我的被子外，毯子内。它打呼，同平常一样，可是我有点睡不着。半夜，我听见它跳下床，我知道它要小便。我想可以让它出去试一试，于是开窗，放它出去。

我又上床躺着。后来有风从窗外吹进来。

我关了窗。

我又上了床，很冷。

过了很久，我的被子才暖和。

现在，我听见小雄在瓦上走。

"很聪明，这家伙！"我更加信任它。

我听见它在窗外叫，轻轻地叫。"起去！"我想。但是我没有起去。它在窗外跳得一响。"起去！"我想。我还是没有起去。

"天亮了再开窗。"我就这样睡着了。

我开窗时才记起了小雄，它没有回来。

早餐时，它没有回。我想它下午会回来的。

下午，我鼓碗叫它。我很失望。

不，晚上我打开窗子睡。

第二天，我没有心做任何事。

第三天晚上，我聪明了。我想到小雄的失望，在叫了几声没人理，碰了窗扇没人开之后，它简单地忘掉了这个新居。

小雄就这样永远离开了我。可能它变成了一只野猫，但愿它幸福。当我明白了这一切之后，我就没有什么了，好像我心肠很硬，缺少一种顾惜之情。不错，我也实在是那样。我觉得好多事只是偶然，我偶然地偷一下懒没有开窗。

我偶然地失去了我的猫。

如果不这样想，我将不胜其忧烦。我如果为小雄焦急，我岂不更为那女孩子焦急。我又何必啰啰唆唆说那么多呢？在另一个偶然的关窗子的事件上，我失去了那另一个抚摸小雄的人。

虽然我疯狂地抓乱过自己的头发，但已来不及追上那有效的一刻。当我再打开窗子来的时候，那已经是另外一件事了。追悔，于我有什么用处？我只能向所有的野猫祝福，可能它们真正懂得什么叫幸福。

我希望我的哲学能够帮助我。

我不知道我是否已经镇静下来，但是，这个故事的确是完结了。

阳光的记忆

在阳光下，狗聚集在一起互相追逐，都张开嘴，像在发笑，玩一种懒散的游戏。不少土岗显露出红土的层次，像一片片切开了的厚糕饼。草都发了芽，水汽从地面蒸出，隐隐约约在上升。

一片好胜的呼喊声。我们在进行一种比赛，看谁可以保持在一根钢轨上跑最长的距离。

听啦！你听！有的人发觉了远方的火车，便把耳朵贴到钢轨上去听那微微的震动音。

我们就这样沿着铁道游戏。

玩儿的方法很新鲜，很随意，却没有任何意义。那些废弃的枕木、歪斜的树、小水泥桥、记里数的标石都成为我们的同伴，有时还接受我们的侮弄和嘲笑。

带队人是一个过了三十岁的海味铺的少老板，一个奇怪的角色，喜欢跟少年们做朋友。他个子很高大，时常装病，是一个不合乎标准的商人。他卷上了两只袖口，把帽子仰得高高的，威武地在我们后面甩着手。

天气好得像冬天已经过去。长长的红菜苔，同粗壮的白菜铺满了一方方的土地。在铁道的拐弯处有一丛丛杨树。

太阳对我们恶作剧，使我们发热。

淡薄的雾气隔开了远处的山峦。雾散开了，那些青蓝和淡紫当中夹杂着金属的光辉。

我们离开了铁道，在一丛小丘上竞走。路很崎岖，路旁有许多大块苍黑的石头。那最顽皮的预先藏在巨石后，等别人来近了，便怪叫一声：

呀哈——

哈——

喊声飞出去，回声又飞回来。这些叫喊没有目的和意义，也许能够表现一种快乐，也许什么都不是。

翠蓝的穹隆多着华丽的云絮，缓缓飘移。田里寂静，视野清晰。一个粗壮的男人领一个脸色红润的女人笑着跑过菜丛，钻进一所孤立在田野中的小屋内去了。

低洼地，随处都有小湖沼。我们临近时，鸭子就惊慌地逃到对岸去。这一群奇怪的勇士就停在湖旁，纷纷拾石片飘水花，把清亮的水击得片片碎乱。

再过去又是田地，这儿已经靠近了江边。

厚厚的防水堤蜿蜒地护住了肥沃的土地，如一道石城，建筑在那露出的滩岸上。冬日水浅，滩地扩大了，上面支了许多临时搭的小木屋，旁边还躺着许多翻过来的小船，愉快地晒着背。

如果凑巧，可以看到一只货船靠岸，有许多全身发黑的脚夫用精巧的步伐走过跳板，背走煤炭。在另外一个地方，或者还可以碰见一只大一点的船，正在被拖上岸。

可以说是那个浪漫商人的力量，使我们忘记了休息，愿意长久地

留在野外。

城外有一个专为植树用的小山，尤其是我们喜欢到的地方。这个地方除在清明节，由官员们带头，教职员们、学生们大队人随后，来热闹一阵外，平常很少有人到。幽静的山谷里蕴藏了许多秘密：野花、彩色的卵石……足够人们去发现的。树林中也有小片空地，精明的太阳发现了那些地方，我们也发现了那些地方。

我们称这空地为营地。

那生意人表示愉快，握紧指头，发出一阵脆响。不知他转的怎样一个念头，飞快脱下了上身衣服。

这个肉体就在阳光下闪亮。他跳动了几下，筋肉一会儿收缩一会儿放松，皮肤上微微透出一层血液的红色。红，诱人的颜色呵，别人也想照着做。

一会儿，这队人都半裸了。

并不寒冷，阳光舐着我们的背脊和肩膀，像猫舌那样带刺，令人发痒。

大家互相摔打起来，以最野的姿态摔打。

这是筋肉的游戏，原始的游戏，这一群少年退回到几十万年前去了。

摔打着，不出声地笑，略一不小心就一齐滚跌在陈草内了。谁都不怕输，遍身都沾满了草叶。

大家坐下时，那生意人就夸耀他的经历，讲他见过的一些怪事：一个高与檐齐的"无常"，拖挂着长长的舌头，戴着高帽，半隐半现，在深夜里来去，带走那些到了时候的灵魂；在一个多石的荒山里，雾气内缭绕着疾如闪电的五色剑光，那是一个有神秘力量的人在那里修炼；狐狸、僵尸、魔法、侠客等等，他能扯出许许多多。

如果有人跟他辩论，他微微笑一笑，硬说这一切都是他亲眼见过的。

我们激动起来，就郑重拿出教科书上的学问来纠正他。他并不生气，只顽固地笑着，轻轻反问。

"为什么呢？"

他可以毫不费力地问下去，这就苦了回答的人。我们失败了，引得他大为得意。

我们都明白他不过是开开玩笑。他是个骄傲的大孩子，不喜欢认输。

其实他也在偷学我们所知道的一点东西，比如：我们喜欢用的一个名词——"部落"，就被他学去了。

我们常提"部落"，是因为羡慕那种简单的、冒险的生活方式，在林莽中猎食的趣味。可能他也觉得参加一个"部落"是一件新鲜玩意儿，他就把我们分作两个"部落"，他自己留在人少的那一边。

议妥之后，两个"部落"分散，悄悄各自找隐秘的地方躲去。每个人都很兴奋，心里仿佛灌满了金黄的太阳光辉。

两个"部落"的人装出有十足的仇恨，慢慢地探索着，怀着战斗的欲望开始接触。

袭击，包围，两个"部落"开始用石子互射。

这是个暴烈的、不客气的游戏。

石子在树林间、山坡上、山脊上飞来飞去，哗——嗒！哗——嗒！山石被敲得迸射出粉屑，大树被折下小枝，被刨去树干上一些皮。

然而并不存在真正的危险，满山闪耀着生气和欢笑。

这蛮强的游戏虽停下了，对阳光的爱好从此就像一匹没有驯服的野马，不可控制地驮着我向空旷明暖处去。我也甘心听命运的摆布，

这算不了多大的罪恶，又何须我以很大的努力去制服它？

有一年冬天，在另一次闲荡中有一件很小的事情使我久久不忘。早上的太阳很好，我随意在村野里一些地方勾留，凭我的兴致决定我的行止。大气在轻轻振荡，土地、农舍、菜花、溪沟，都在吟唱，熟悉的小风也向我打招呼。

我在一个山坡上站了许久，突然发现一条绕过山坡的小道，我信步走了下去。我在道边一丛树旁随便找一个地方坐下了，默默欣赏跳来跳去的鸟雀。

山路那端有几个人向这边走来了。

有男的，有女的，我听见那低沉的与尖锐的笑声。声音近了，我听出来那是一对男女。他们轻轻走到了我身边。

他们看着我。我知道他们是在看我，我就不去看他们。

他们走过去了。

我抬起头来，他们也正在回头。

他们那一副特异的神色留映在空际，如同强光刺眼留下的蓝点一样不易磨灭。那两个面容混成了一个整体，渐渐变大。那眼神是好奇的，掺杂着同情与怜悯。那是对我而发的，分明包含着一种施舍的意义。

看了看我坐的地方，我才明白。

我正坐在一个墓旁，一只手搁在那碑石上。这是一个误会，也是一个巧合。

仿佛我是一个偷偷在这地方纪念一个死者的人，我无法说清。我马上懂得了那对情人，他们一定是这样想的：在一条孤寂的山路旁，有一座荒凉的坟，一个孤独的人在那里垂着头默想。墓里躺着的也许是他的情人，也许是他最好的朋友。我不知道他们还会如何猜想。他们一定会哀怜那个人，甚至有许多揣测，将许多故事加于他和死者之间。我的形状将永远改装了保存在他们记忆之中，扮演他们所需要的那一角色，因为我看见了他们那施舍给我的特异的眼光。

但那又有什么关系呢？想一想，我是十分的满意。只要他们对那个幻象真有点哀怜心，令他们彼此无意发现对方的善良点，认识对方性格上的美，也许于他们有点好处，我实际什么也没有付出，又算受了什么损害呢？

阳光令一切和平、美丽。我祝福他们，也祝福自己。

风　雨

小　河

　　每条红船都把窗子敞开，让气流通过。家计的谈话琐屑如杨花，滞留在深色的舱里。风钻了进去，驱出其中些许郁热，就又钻出来散在河面上。也许它要去擦摩另外一些船只的外壳，刷干那些水分同遗留了许久的积污。

　　气候正在突变。男人们再也不愿关闭在那憋气的木墙内，赤膊坐在船的两头或者跳板上。他们讲述着古老的荒诞故事，夹杂以灵巧的对骂。

　　女人们依然忙碌如故，有事需要丈夫，免不了还要打岔叫一声他们的小名。

　　答话当然免不了有点反叛的意思。

　　“莫要磨人！这一阵风，好容易得到，还不让我享福一下！”

　　办着交涉，丈夫们索性一条条躺下了。应命而去的好人也有，只是少一点。有那泼辣的女人忍不住骂几句，有的男人可能欢喜这情调，就回答以呵呵地笑。

"真好！"

由这赞语，风就变得更加狂妄作态，打一呼哨，把这些无尽的口才吹飞三十丈远。

大的漩涡和小的漩涡随着黄色的急流迅速旋转。一些偶然聚集在一起的草茎、断梗和碎木片跟着翻滚。它们不由自主地从那轻匀的沙液面上爬过去，升到顶点，随着又突然下沉，沉到深处。一群变幻不定的波浪带着青苍、白亮的色泽涌起，耍弄着这些东西，让它们时沉时浮，得不到片刻安稳。这时，风变成了一个实体，精力异常旺盛，粗暴地滚压过水面。

整条小河便抖动着，战战兢兢游向大江。

扬起那些短襟，拍拍那些小背脊，向他们吹几口气。河边沙滩上那群淘摸制扣工厂抛弃的贝壳的孩子们也感觉到了这个变化。天空正在被蒙上一层一层灰褐色的幕。他们注视起来。那攀吊在船舵上洗澡的也露出半身，听远方的震撼声。那是一个尖锐刺耳的、狂野任性的呼叫。

于是他们停止嬉戏。

声音愈逼愈近，这突然袭来的风变得越来越猛烈。他们眯着眼，抱紧栗色的胸膛。水在沙上拍动，涌到他们脚边。当中有一个喊了一声，这是这小团体的一个暗号，大家都大叫着分散开，跑向自家的棚子。

几个迟钝一点的孩子刚从水中爬出来，只有慌张地带水钻进裤子。

小火轮不时发出警告，哨音细弱无力，只有在风松口气的间隙中，才突然响亮起来。

河边的城镇

电线嗡嗡地振响，河街上的招牌成排地甩动。风在加强，狗却仍然感到热，吐着长舌，夹着尾沿街乱跑。

女人们忙乱地帮助丈夫们收下凉篷，拖进檐外的货摊。竹篙、布块、绳索，乱成一团，灰尘都乘机从蛰伏的角落卷起飞扬。

云朵飞过，阳光时明时暗。

"哟呵！好风！"

小流氓们发出号叫，得到四方响应。他们高兴这个变化，于是更起劲地唱。没有关好的窗板来回摆动为他们打拍。

一家杂货铺正举行全店剃头，理发师哼着花鼓戏端一个盆出来泼水，水飞到空中，又"哗啦"一下突然退回来。理发师跳着脚，湿淋淋跑进去。

正在店前走过的小姑娘们，为这举动笑破了口。她们无法恢复平静，一股风从后面追上，把她们头发都扑向前，遮盖住了她们的眼睛。

书记之家

这天星期日，正午了。

一笔精细的日用账正成为一个书记跟他太太争论的中心。他庄严而烦恼地执着笔，不停地用细眼看着他太太，每一项数字都在恶毒地啃他的心。他骂他太太愚拙，却时时不忘数出他太太是个"无法变诚实的女子"。一次争吵过后，他们保持半天沉默。

这笔账还必须算下去，丈夫只好设法先开口。他原想口气和缓一点，但话一出口就变了样，他问：

"别人家老婆我也看得不少，没有像你这样过日子的。你一点也不帮我的忙，你说我讨了你是为什么？"

"我知道？问你。"

"你是我的背运！"他先是叹气，接着又喊叫："我哪天得了？讨了这样一个堂客①。我事事不如意，就是因为你。有了你，我永远伸不了头。"

他接着问："说呀！上个月的洋油买了几斤？怎么就完了？"

接着问到一笔三角钱的用途，他悲愤到了极顶，咆哮起来："这太暗昧了，哈！太滑稽了！"他太太就哭起来："我又没照顾娘屋②！"他们像一双煎鱼，屋子是一个油锅。

他暂时住了嘴，太太仍在哭泣。

账簿忽然一颤动，自己合上了。毛笔冲脱他手，从账簿上滚过，画一个不端正的"一"字。吃了一惊，书记忙跳起来。

"风！"

太太肿着眼赶到天井，扯下他们的两双袜子。

她的先生则坐在窗户内冷眼观看，自言自语：

"要下雨。"

太太没有理他，但这家人的纠纷就这样停止了。

---

① 堂客：妻子，夫人。
② 娘屋：娘家。

云

天空在迅速黑下去。

白鸥从水面掠起，轻飞一段，再又突降下来。

一堆坚韧的云阻断了大部分光线，仍在不倦地驰奔。天空剩下的几分赤红太阳光彩，在极短促的时间内，全被隔绝了。新的一团云又敏捷地移过去，把每一处空缺都填补满。

云又厚又浓，几乎要下坠到地面。风力很大，不让云休止滞留。灰黑的阴影就扩充到了远方。

趸船及渡船

深灰色的云以一种暧昧的态度把一切能见的事物变得模糊。沿江的建筑物像怪兽的一排牙齿，高低不齐，但没有色彩。小木船隐藏起来了，小型的汽艇也停止了航行。

摇荡的波浪不知饱足地啃蚀堤岸。趸船上下起伏，工人们时时查看跳板的连接处。

候船的人们拉紧帽檐，长衫被风吹开，有的人鼻子同眼睛都挤缩到一处，说不上是兴奋还是紧张。有的则去长椅上低头微睡。

口被封住，声音被吹走，谈话的人们只有打手势。

渡船沙哑地叫了一声，倾斜着露出它的躯体，煤烟笼住船尾。

浪举高趸船，迎那一批人通过。扁担、行李、跳板、长凳、楼梯，轰然发出巨响。

轮机室的工人伸出李逵式的头，骂了一声野话，赶快又去查看那通风器。

乘客们挥汗如雨。

"今天真够热！"

"反正不算冷。"

风不断扫着栏杆边。

搭客到了六七成。

舵手响铃，轮机工人又搬动杠杆。船尾分出两条波线。趸船上工人用竹篙帮助撑开船头。渡船就缓缓地喋喋地劈开浓厚的空气。

小河口的吊楼子茶馆内已经坐好了一些茶客。他们那中庸的、古雅的肖像，隐约供在粗粗雕饰的窗棂内。上面是阴沉的天色，下面配以斜缓的河坡同流水，这样，他们就好像装在一幅古代的绘画里面。

他们生意买卖已经谈妥，于是安静闲适地品评着他们那一宇宙内包含的各样事，精心嗑开一粒粒五香酱油瓜子，咽下许多碗苦茶。

有些不作声的老人则闭眼在领略这世界的神秘，思想飞入玄虚内。可能他们实际又没有思考任何事。

听风声的列列，座中有一位泥瓦匠低声赞叹：

"这天气真痛快！"

于是他端茶一饮而尽。水咕嘟嘟从喉咙管一直响到胃里，报告它所经过的途程。

茶客多半不会讨厌闲情逸致，更少不了不绝的谈吐。此刻的话题集中在风雨上。

"每逢这风必翻船，我看得太多了。这是老规矩，风大必浪大，浪

大一定翻船。一次大风最少沉两条筏子。不过这生意总有人做，几十年都是一个样。我看得太多了。今天还没有看见江猪[①]，那东西真厉害……"这位有遗老风的学究喜欢说几句谁都知道的事。用几个虚字连起来作为真理。他从不感到厌倦，而且自鸣得意。

他喜欢蹲在椅上，大概这样做才可以让鼻子沉进两膝之间去精鉴自己的各种味儿。他的习惯是自己谈，看别人饮。

"不稀见。不过雨也快来了。"

生意人中有一个歌唱家，用折扇打板，哼起孟姜女哭长城来。他很欣赏自己那一副细细的尖嗓子，极力在做出一副女人的表情，并且全身都为打拍子摇摆。

闭上眼的几位，胸膛上淌着汗，慢慢呼呼打起鼾来。

卖瓜子花生的小贩，蝴蝶一样在主顾当中穿行。

"孟姜女"哭得很动听，连堂倌都禁不住低声相和。

一声巨雷自茶楼顶上吼出了，盖住了所有的闹杂，整个楼都震动了一下。是不是长城倒塌了？

歌声止住了。

静下去，耳朵都嗡嗡地响。

窗外一片黝黑的天。

昏暗的窟窿又骤然亮了一下，闪过一条曲折的虹。又像一朵耀眼的玫瑰，穿在一支金箭上，在云里迅速地冲刺一下，随后就消失了。连绵不绝的霹雷跟踪出现。炸裂，黝黑，静寂，电闪，黝黑，炸裂，交替着。

---

① 江猪：江豚的统称。

江　上

又一次渡船开离岸。

"打不孝子，不孝子，天下的不孝子！"一位神经质的老太太喘着气对自己说话。

这一巨响带给她许多紊乱的回想，挑动她对于她的残年不平。许多年的孤独、贫乏、委屈、悲伤都变成了刺痛她的针。她嘴里不断嘟哝。

许多人都往下一层舱里钻去，只有很少人挤在楼梯口，老妇人则在发痴。

风的呼啸声在雷声里显得微弱一些，但叫喊得更起劲；白浪更加汹涌。渡船随着这些小丘升降。浮木杆在船舷上摆擦撞击。

一串串大雨珠猛射下来。

来自云间的洪水，分成一束束灰白色，暗青色的线条向下喷射。这就是盛怒的狂雨，一千个瀑布同时倾泻。

雨水从老妇人脸皮上的细深沟纹流过，她的放驰远了的心才惊缩回来，她也开始往下面躲去。

跟在她后面的还有一个，最后的一个。他皮肤绷得很紧，鼻子两旁冒着两三颗酒刺，头发蓬松不齐，穿一套崭新的，还留有尺码小条的中学制服。

煤烟混在雨水里掉到船板上。

中学生时时注意他制服是不是染上了黑灰迹，又检查裤上的直纹是不是变得弯曲模糊。他极力设法保持在舱房后那一片篷檐下，但雨老是追随他不舍。他的头发已经开始纠结到一块，衣也湿了许多，他

觉得不大好。于是不再坚持回避那有许多生人的舱，吸了一口新鲜空气也下去了。

都市的灵魂

雨落在一个大屋顶上。

下面正打第二通闹台，嘈杂的金革音在华美的圆形天花板下鸣奏。这是一家戏园。

看戏的人还是稀稀疏疏的。

躁烈的锣鼓吼吟出许多花样，节奏粗鲁而且摇荡。玩弄乐器的人坐在台角，偏着头，眼睛无神，嘴里都叼一根烟，想驱走那睡意，就更使劲敲打，震动自己和别人的神经。

呵欠，连贯的呵欠。

一个早来的看客额头上冒出了一根青葱样的筋，乖戾地扯破那一份读了三遍的小报。他已经做完了他所有混时间的事了，就起身问茶房：

"什么时候了？"

"一点半刚过，先生。"

这位先生掏出表来听听，把长针倒退了一圈，重新坐下沉思。

过了一会，他弯身捡起一片碎报纸。刚好这上面为他留下一半那轰动全市的强奸案的供词，又似乎有一点新意义蔓生出，他就重新咀嚼这案情起来。额上的那条青筋变得更粗。

漏

雨水尽性冲洗，如同在做一次广大周密的围猎，不遗漏每一处微小空隙，喷湿，而且浸透过去。

于是那个书记屋顶上的瓦缝让步了，一些阳尘开始从天花板上落下。天花板早破裂，灰土落过后，接着放出许多黄色的漏水。

屋子内即刻骚动起来，为应付这新发生的事变。

书记同太太不得不言归于好，合力搬出他们所有的可以容纳一点水的器皿来接漏，每一股水泉下等着一件盆、罐之类的东西。但是，地板还是溅湿了。

"我真恨泥瓦匠，来世讨不到好的东西！"

"半年才来收拾一次房子，只怪房东不是人。"

命运、天及祖先都被这夫妻俩说遍了，只有漏滴音叮叮咚咚来回答这抱怨。

"天一晴，不信你看，一定又要长霉。"太太最恨阴臭的白霉。

书记理理账簿，把它推开。

太太松了一口气，这是安静生活又将恢复的兆头。在丈夫面前报账时，她从来没有尊严，就像一个囚徒在受审。她的记忆力确实也不大好。

"见菩萨的鬼，某某今生也算不清！"书记哼了一声，账簿就被扔进了木箱内。他们没有带抽屉的桌子，一口无锁木箱就代替了抽屉的各种功用。

他打了一个呵欠，拖着跟太太恋爱时得来的纪念品，一双绣花的

旧拖鞋，在积水的地板上踱方步。

"喂！"

太太的时辰到了，装作没有听见这招呼。

"哎，心肝，晚饭有些什么菜？"

"莫找我闹，去你的！"

书记在自己那卑微的脸上扮了一个滑稽的笑容。见太太不答理，他就点燃一截烟头，塌山样倒在床上，独自去研究天花板下漏水的奇怪滑走和奔落的姿态。

香烟同雨漏声也许给这个临时雅人带来了娱乐，他闭上了一只眼。

船上的欢乐

船舱里的空气很污浊，一些出色的女人们都生气了，愁锁那些填黑的细眉。一个胖太太对她丈夫说了四次"我就要昏倒"这类的话。这气味确实不佳，连一个留着妩媚的小胡子的银行职员也抖开手绢来套住了鼻尖。

一些人贪婪地盯住每一件包裹、杂物，这是脚夫们，他们在估量这一次可以到手的力钱。

脚夫当中一个年轻的伙计，靠在梯旁出神。他的脸很光亮，虽然并不美。他对自己这副面孔却很满意，从口袋里拿出一个半边镜子来窥看、考察自己。他时时拨弄眼角、耳洞等处。在挖鼻孔时，他的一根怕痒的神经被触着了，忍不住打了一个高亢泼辣的喷嚏，一粒鼻涕弹上另外一张脸。

"唉唉！怎么啦？"

被侵犯的是一个焦躁人，正在为一个永不结束的烦恼所困扰。他胃里充满了酸水，已经快要爆炸，对于这意外的破坏他尊严的灾害，实在容忍不住。

"混账！"

他握起拳头，气得发抖。但因为他的脊神经不及大脑强健的缘故，这恢复名誉的一击并不曾迅速果断地打出去。

"先生，唉！先生。"装出一副奉承讨好的笑容，这位欢喜自己面孔的孩子连忙收好镜子往后退。他不知如何道歉，发现背后有一点空，乘机一钻，预备就此溜到别的地方去。

突然又升起一个尖利的骂声，这是他的又一次霉运，他撞着了一个脸上涂得很白的中年女人。

"吃绿了眼，砍头的短命鬼！"

（"哈哈！"）

"唉，太太。"

（"哈哈！哈哈！"）

"眼睛卖到烧腊店去了！"

脚夫这一次才成功，缩进一堆人中逃走了。

满船哄笑，所有人的胃口都开了，因为大家都看到了这样好笑而且凑巧的一件事。

中学生摸摸领口，也跟着微笑。

他的眼睛一抬起来，天！他的心撞得一响，慌乱地忐忑起来。这是他没有料到的一个奇迹。呵！船突然降下去，"奇迹，奇迹。"他默声念。船又升起来，高高地升起来。幸福触发了他的敏感，他开始有点晕眩。

这奇迹是他渴望而又怕多想的。他看见了一个精巧灵活的笑，刻

在一个合乎他崇拜的偏见的，刚长成姑娘的两颊上。她有足够的天真娇态，更好的是她胸前还绣有"女中"二字。

"好像什么地方见过的。"中学生尽力去回忆，就踏进了云雾里。快乐同羞怯混合在一起，酿出一种酒浆，使他听不见耳边的声音了。

"错乱，颠倒！一切脱离了轨道，一切都要毁灭，毁灭！"那个受了侮辱的思想家还在发火，眼前回转着一些金色银色的星星。

病　人

一个里弄的角落，出现了一个猥琐的丑陋人。他有一副丑角惯有的狼狈面孔，像一只刚从阴沟里钻出来的老鼠，胸部被他的手掩护着，衣裳贴在身上，透明如薄绡。

他挪动两脚，又几次停止行动，留意周围的动静。

里弄里除他之外，没有别的人。

他的动作很紧张，需要一段时间，要抓紧机会。于是他漱动口，渐渐漱出一些白唾沫来。唾沫多了，就皂泡样积在他的两嘴角上。

一个小孩打着伞，提一只油瓶跑过来。他车身向墙，休息了一会。小孩完全走得看不见了，他再又继续做下去。

口沫泡浓厚起来，成为两个小丘并拢去，封住了他的嘴。唾沫还继续在增加，逐渐连在他鼻尖上，胡子上都堆的有了。

雨给了他几个寒战。可以了！他似乎很舒服，车身转了一圈，谛听远处。他的眉毛伸了一下，脚步声，是的。咳嗽声，来了。

声音到了拐角处，他应该开始了。于是颓然倒下，很轻很灵巧，而且特别迅速。他起始手舞足蹈，在泥浆内抽搐，滚动。

一把体面的伞出现了。

这个把戏很吸引人，那把伞就静静地停在离他远一点的地方。

单调乏味的舞动。

两分钟后，又一把伞。

他的动作加快了，四肢动弹得就像一只仰着身子的甲虫的脚。泥水涂抹上他全身。围观的人渐渐多起来。消息传开，有些门也打开了。十几把伞围着他，低语着：

"什么玩意儿？"

"不好看，叫人看伤了。"没有正面回答。

"请问，这是什么？"那个人耐心地追问。

"羊角风。"

女人们对这个东西没有多大兴趣，瘪瘪嘴，小花伞、菲菲伞等就先后离开了。

有些门也跟着关上了。

"患这病的人真多。"

"是呀，不但多，还要看准时候。"

有人相视而笑了。

"鬼才晓得！"

听了半天还弄不懂的，这是一把红油伞，老老实实提出一个土方子。

"找一根稻草，撬开他口塞进去。不信，眨过眼他就好。方子不瞒说是个偏方，倒百治百灵。"

"老兄，这地方可不同。"一把黑洋伞说，"草治不了病。"

门都关上了。

"嘿嘿！撬开口，给一角钱衔着，万事大吉！"得意这挖苦的成

功，黑洋伞就在笑声内扬长走了。

当然，扮演者已经没有劲头了，然而他不能就此停止。泥水浆糊满他头发，一束束直立着，他的头变成了一枚刺果。

"要不要报告巡警？"

"我的大慈大悲的观世音，够了，你怕他累得喘不过气来？"

于是伞都分散了，只一点闷气的笑声留在这人耳里。

一个女人喊叫谁。最后一双赤脚也应声跑走了。

什么也没有了。就是雨，一切都是雨。一只狗关在不知谁家门内吠。

睁开眼，看见两条屋檐镶住一方霉色的天，这羊角风病人笑出了一个大大的歪脸。他不懂得一切高妙的事理，但他懂得一个绝对不用想的东西，那就是他的感觉，他的简单的感觉。他双腿一蹿，突然跳起来，响亮地打了自己一耳光，吹了一口气，沿墙角走开去。

天

万亿条雨丝织成重重纱幔。风推着云，又从云下冲过，卷起这些纱幔作狂厉地旋舞。这样，一束束水柱就被分散成许多晶莹的细沫，没有边际，如同一片银色的轻雾。

云是一条硕大的魔龙，被迫胁着，狂怒地扫过天空。它暗淡的腹下是滚滚波涛。它不断吼叫，随以咝咝的嘘气，那是雷和风。

空气紧缩，令人窒息。

中学生

"好大的雨。"中学生看着模糊的窗板，有了一个生动的思想。

许多神话传说都改头换面地再现在他脑子内。幻想是一朵火花，在这短暂的闪光下，他看见了他跟她同在一个华丽的布景下扮演爱情的戏。

突然他又感觉虚空。一排浪落下去了，他的快乐和未来也跟着悄然退隐。这是一个实际问题，怎样才能认识她，一切都是困难。

"不过，"他如有所得，"假如我有一把伞。"

有一把伞。上岸，如果她雇不着一辆车，妙极了！伞，她一定需要（他注意到那个姑娘也是没有带伞）。如果一个人愿意将伞让给她，那个人将是如何幸运！于是一串织锦的梦飘出来，带着一个上等好故事。

但要点就是一把平凡的伞，这就是一切。可是自己身边没有任何类似伞的东西，好运和美梦马上就再度消灭了。他止不住为"为什么不带伞"懊悔。他只有偷偷看她一眼，他始终不敢正视那面。好像犯了什么还没有被人发觉的罪，他很不自然。现在他忽然发觉那一双机灵的眼睛也时常注视着他，好像也在等待他的眼锋。一个希望又滋长出来，他想制住不往下想，大批血液从他脸皮下运输过去。

船倾斜着拐弯，脚夫们开始活动。

这时，更发生了一件新的好事，使中学生觉得世界真是有生气，真是可爱。他发现了那个姑娘不仅老看他，而且还向他笑，的的确确是在向他笑。他极力镇静住，不知怎样做才好，他脸更加灼烫。

雨点从舱门撒进来，一些没有血色的，方整的楼房显露在舱门外，

江岸近了。那是一段湿透了的酱色的斜坡，斜坡下是跳板、趸船、海关巡艇、小船的桅杆和另外一些江边照例有的东西。

"沉闷啦！"中学生听见一个声音，他预备去看看这说话的。

"先生，让让！"他旁边有一个脚夫叫，把他注意力引回。他不禁又看了那边一下。

她还在笑，更显得娇媚，多聪明的神气呀。

中学生惘然挪动几步，让脚夫工作。他无意低下了脑袋，雷炸一样，他的心又跳了。这跟第一次不同，这是一次特别严重的心跳，因为他发现了这一切幸福的原因。

一大片鲜明的黑色活跃在他白亮的制服上。

"煤灰。"

脚夫从他腿前提起两口旧锅。这就是一切的解释，两口旧锅。

这真是一个大荒唐，一个绝顶的滑稽，一个洗染公司也洗不掉的耻辱！制服上擦上了许多黑灰，自己完全不知道，让她笑了这许久，还厚着脸皮偷看人，多么愚蠢丑陋，自己简直是一块木头！

他的光荣同自信全被扫掉了。他仿佛听见许多大笑，仿佛许多人都在注视他，血液几乎都要涌到脸皮外来，眼角浸了一股泪，手足失措。他需要即刻逃避。

失去一切光彩，一切音响，中学生虹一样的幻想破裂了，他从天堂沉进了地狱。

吟雨篇

雨和风都小了一点，下午了。

水分充分滋润了江岸的草地，这地带变得更加青翠爽快。长椅都空着，杨槐密密地投下淡绿色的暗影，江水在近处显得浑浊，但伸入天与远山之际就渐渐变得白淡清秀了。

一个散步人经过这里。

大概他有一点古怪的性情，没有戴帽子，也没有打伞。他的散步姿势很特别，几乎像在赶路。他的面庞似乎是天真的，但从他呆凝的眼珠知道他已失去了坦白同快乐，只有一两条曲纹证明他是曾经笑过的。

他不注意雨，始终低着头沉思，有时还自言自语。

"雨下的散步，不，太陈太陈！"

"或者用'铅色的，阴天之狂欢节'？"

他并不能就如此决定。

"什么好呢？'雨曲''雨的十四行'或'青青的雨'？"

他想了又想，时时搔头，总是不能找到一个适宜的题目。他显得窘急，因为他的职业是诗人。他背已微微弯曲了，虽然他得到这副脊骨还不过二十几年。他为生活而忙碌过度，他要随时编造一章新奇而漂亮的诗，送到当地的日报去。

有几个人轻快地越过了他，可他全不知道。他没有听，也没有看，这是他的习惯使他如此。虽然他脑子内永是疲倦得空无所有，他还是继续试着挖掘，雕琢出一些精巧的句子。他时时在半昏睡里行动，现在他又进到朦胧的状况。没有感觉地走着，一直到一粒莽撞的雨水跳进他眼内，才惊了他一下。

他信步离开江边，走过皇宫电影院，俄国饭店。再过去就是百货公司、美术照相室。他在新时代唱片公司门口忽然睁开了眼，停住看那装饰，顺便听听播音机放送第一舞台的日戏。

锣鼓骤停了，胡琴声音摇曳出来，落到他耳边。他听不清楚唱的

是什么，他的烦恼立即就被这一强一弱的声调引出。他想不听，声音就更大了。他再向前走，声音仍然尾随着他。

诗人有了新的感触，他冲动，想大声咒骂。

不过他把骂声改为搔搔头，指头上就沾满了水。他对湿润的手指头看了几眼，思想里突然飞来了一个新主意。

"哈！'没有雨伞的人'。没有，没有雨伞的人，响亮！"得到了这个题目，他活跃起来。他赞扬自己，崇拜自己的天才。有了题目一切都好办。他笑。果然附带地他又得到一个灵感，就决定在这题目后面还加上"丁香之一"四个字。他想，这样开头就可以有一个美丽缥缈的印象给人。不消说，这以后所有的诗就是"丁香之二""丁香之三"了。

他回复了一些年轻，他想唱一点什么。不过他没有唱。

现在轮到觅找那第一节诗句的时候了，他就开始苦苦构思。不幸，当他正走下人行道横过一条街时，一个突来的打击切断了他的灵感。他肩头挨了一撞，一大队脚夫从他身旁急急跑过。他留心去搜索那罪犯时，那在前的一群早已跑过去了。后面又一大群连贯蜂拥地赶过来挡住他的视线。现在进口了一只误时的上水船，他们抢着去起一批货。

这一大群都像石器时代的野人，没有一个穿一套像"衣"的服装，跑得泥花从脚后跟飞起。

闪躲着，诗人走得很困难。为了防备再一撞，他暂时只有搁下那句诗的推敲，躲到一条属于住宅区的幽静的马路上去。

雨慢慢衰减，但绵延起来。

"奇怪的气候，损坏人的健康，没有理由天天落，真麻烦！为什么我有这感觉？是的，这两天我是有点异常，这是不对的。也许是我的性情不好，我的性情实在是乖戾。但是……但是如果说，只是因为我的性情不好，就不太公平，为什么不是也由于坏天气的关系呢？"停了一会，诗人又想："假如实在是由于天气不良，为什么我又不能感到难受呢？有什么能防止我不忧闷呢？那将是什么？科学或者是艺术？而我自己就在写诗……我真不懂，谁能解答这疑问？宇宙真是太大了，我永远问不清楚，真理真是太多太多了。"他的脑筋突然为没有条理的零碎的事纠缠不清，他耳朵里的血管敲得很响。

走了几步，一只脚偶然在水上一滑，他又快活起来，他念：

"雨呢，这一个蛇一样的。"

他的"没有伞的人"第一句就这样出现了。

他就慢慢走，慎重地评审了一会，无论如何也舍不得放弃这一句。

"雨呢，这一个蛇一样的——"

"雨呢，这一个蛇……"

他念着，血管更加胀大，脸上毛孔漏出黄色的油来。

他走过去，一个重荷压住他。

尾　声

低洼的穴孔漫溢出水来。水沟里脏水哗哗地流动，卷起几分臭味。云依旧是灰灰的，渐渐移走得慢一点。一整块暗影盖在地上，天已依人的祝祷改凉了。

风已经过去。什么都改变得很少，只是人们都为那不绝的雨声弄得困倦了。这样的夜晚或者可以让大家睡一个好觉。

雨没有停，没有停。

世 故 的 小 丑

　　一群时髦的年轻人正在夜市上穿行。他们都很神气，按照最流行的样式，一律都穿着白色水手裤，而在其余的打扮上又各自标新立异。他们的帽子彼此全不相同，每一顶上都有特别的花纹作为标志。夜里柔和湿润的空气轻轻动荡，旋转着轻松愉快的涡流，那是小风。浓郁的香水味在飘散，在发出诱惑。在奇巧的窗饰上灯光不断溜着眼，暗空被交织着的辉彩照得微微发白，给这个夜的城市蒙上了一层雾气。妖娆的女郎鬼狐样地在雾中闪来闪去。嘈杂的闹声不断蒸腾发射。这群年轻人不能再兴奋了，就在拥挤的人行道上跳跃起来，表演各人擅长的诙谐动作。有一个小伙子取出一个大号口琴吹奏起来，同伙们就扮着鬼脸，齐一地舞蹈着前进。

　　他们互相戏谑，哄然发笑。他们有时背述报章上的书评，吟诵诗章，评论戏剧，自认为才气十足。有时又议论生活里各样的华饰品和价格，他们又老练如同商人。不知怎么他们一下忽然由区分皮鞋带的种类，改为谈各人对于美的意见，于是都加倍地打着喷嚏，大声咳嗽起来。

　　"那个玩意儿无疑地就是欢笑，欢笑能使一切事物生动、美丽。从地球凝固的那天起，直到最末的一个世纪尾，没有一个人（不分君王、庶民，英雄、美人，聪明人、傻瓜）不在搜寻这宝贝。如果不是为了这东西，谁还愿意度过高山大漠，漂洋过海去觅取不老药来使苦恼延长？世界上又何必有这么多纷争？"

"不然！我以为最美的是上等的酒，只有酒才能制造欢笑。那些老是在挥发着的液汁，可以把你不可脱去的苦恼记忆挥发掉。酒还可以洗涤掉一切丑陋，使你的灵魂炽热发烧，在你眼前飘出一些港湾山峦的景色、奇幻的云彩，构造一个鲜艳的、充满情感的宇宙。那流汁就是歌曲，是最美的歌曲；也是图画，是绝顶天才也绘不出的图画。"

"要注意一个本质呵！假如你失去了对于美的精细的感觉，那么，再好的酒你也品不出它的滋味。假如你给聋子演奏一章交响乐，你给瞎子画一张彩绘，那不是等于嘲笑他们吗？美就是美的灵魂。"

"山鸡在孔雀面前显得黯然无光，这个例子对美作出了最好的解释。你们一定不否认，只有最美的东西才能使一切平凡的事物显露本色。生命就是美，而可以使生命卑微颤抖的只有一件东西，那必然是最美的，也就是我要说的……"

"那是什么？"

"肉欲。"

"对！不过那只是美的一部分。脂油代替不了膏汤，人生绝不是那样简单。最美的是最狭窄的，从不固定，因此它寓于一切。美在各种容易被忽略的地方尤其多。比方说吧，假如一双眼睛愿为一个垃圾堆停留一秒，那将有许多新奇的东西出现。如果他肯花上一分钟的话，那他就会赞叹不已了，一堆垃圾是多大的一个宝藏。你瞧，那些东西是多么复杂，绝不雷同。你看，那每一个残缺、每一片遗骸，都有一

段自己的历史、自己的形态、自己的色彩。假如你不固执，你应该到世界这个大垃圾堆中去找出那些被疏忽了的美。只有一两个幸运人才找得出一把牙刷上的一根金丝样的黄毛，一个铅字上的一笔又聪明又糊涂的错误，满街行人中一个狼狈而有趣的走路姿态……"

这话充满了感情和力量，几乎压倒所有的辩论，可是还没有说完，突然一个人叫起来。

"怎么不开口呀，奇怪！你们看王恒这个小君子。"

这指的是一个落在众人后面的少年。他正在出神，听到这个举发，脸马上红起来。他是异常羞怯的，在这一群当中年纪最小。他身体很高大，可是笨拙得像一头熊。他很羡慕那些谈论，跟在大家后面，他总是谦虚地笑着，似乎句句都同意。既已被同伴发现了，他只得嗫嚅着：

"我说最美的是——是——"

他极力思索，可是说不出来。

众人的笑声又突然爆发出来。他们看见三个一模一样的胖人在摇摇摆摆中互相碰撞了几次，这是很稀见的幽默姿态。他们只顾狂笑，不等王恒那可怜的回答了。

年轻人们游荡到了江边。那美丽的、幽淡的夜景更令他们精神抖擞。月亮离水不高，一大片银光在波上飘浮。小船的桅杆沿岸边走过，水手们彼此在呼喊照应。轮船的汽笛时而发出几声吼叫。

他们一个个坐上栏杆，点着烟，大声歌唱。

"哦！真漂亮！诸位骑士们请看！"一个戴尖帽的小伙子指着一段弯曲铁栏，说："看这位 S 形的女士，标准的流线型身体。"

"真的！ S 形，个性很显露的 S 形。"

又是一片笑声。

"人生真是不错!"另一个以朗诵抒情诗的腔调叹气了。"这样的夜我真愿不眠。我的睡是为着做梦,眼前就是一个十足的梦,我何必放弃眼前,一定要上床去等候一个梦呢?只要常有这样的良辰美景,十夜不解衣我也不怕,让三千个心跳来换三千首诗吧。"

"收下你的哲理,哈哈哈!"

他们都感到满意,每一个人都能说出一些聪明俏皮的话。不过他们发现了一些不足。那个呆板的王恒始终保持着沉默,尤其是他那规规矩矩始终不松懈的笑容,像一个难解的谜语,令他们不懂。

"为什么不作声呀?我们的老夫子。"

"一点也不为什么,你们没看见,我也一样高兴吗?"

"伙计,你这话太俗气,也不老实。我们都有这感觉,你太世故了,这是要不得的。你要学会天真。世故的第二步就是虚伪,那样就使得大家都很没有趣味……"

对的,王恒就是这样。不这样批评他,就无法解释他的内心。大家忘却了诗意,发出散文式的愤慨。他们一致抨击世故之恶劣,庸俗的可恨,认定沉默是伪装,冷静实是自私的面具。他们一致赞美浪漫和热情,为证明自己有这天赋,于是一个嗓子比一个嗓子高亢。嗓子低的,就用手势来引起别人的注意。后来他们甚至忘记了所愤激的究竟是为了什么,不过没有忘记愤激。忽然,一响很沉重的碰击声,停止了他们的吵嚷。

那个王恒摔倒了,狼狈异常,不能立刻站起。那挣扎的丑相实在滑稽,激发了大家新的快乐。

"世故的先生,我们的小君子!这又是为什么呀?"

"我有意如此。"

"哈哈哈!疯了吗?"

"这是为了证明真诚。我只能用我的整个肉体来说话。我缺少才华，不多讲话已经成了习惯，我只能按照我自己的样子过日子，无法进行辩解。你们至少知道什么叫作疼痛，世故于不怕疼痛的人并没有什么好处。我请求你们，不要叫我难过。我没有恶意，一点也不想让你们扫兴……"

"小丑！"

"小丑！"

于是笑着的一群撇下了他！口琴又在另外的地方吹奏起来，声音轻快活泼。海关的五音钟沉沉敲响，一只小汽船从江边驶过，江风仍然在柔情地回荡。

这王恒莫名其妙地爬了起来。他感觉到空虚，还有一点疼痛。突然，一阵奇怪的电流通过他全身，使他剧烈发痒，一直痒到骨心里面。他忍受不住，于是放声而笑，这是一个癫狂的笑，近乎号叫。他无法停止，以致他笑得全身发软。他再一次跌倒在地。

他只会这样说话。

秘　密

傍晚时，我很感谢那些怕出意外的好人，和那些肚子大得弯不下腰来的先生太太们，他们给我经过的道上留下一片安静。不过巷道里还留着一个熟人，一个嗓子很好的小盲人，拉长了腔在向巷壁乞讨。我看见他时，他止住了叫喊，正歪着脑袋站起来。

他笑，向着一个不确定的方向，而且扑舞两臂，如同一只刚从笼里跳出来的小鸡。有一个人在叫他。

这停止他装模作样、让他如此高兴的该是谁？我想。一个高高的宽肩的汉子，从黑影里走了出来。这个巨人却似乎害怕一点什么，不安地屡屡回顾周围。

"爸爸！"

听见瞎子给这个人的称呼，我即刻愤怒起来。他从路灯下闪过时，我分明看出了他的眼睛含有不诚实的机灵。多么忍心的一个恶徒哪！他将自己的儿子当作一种手段，全不以出卖儿子的病疾为羞辱。他完全是一个低劣的江湖人。我还看见了停在他身子后面的一辆人力车，表明了他的职业身份，更增加了我对他的愤恨。

"你是一个贪得无厌的家伙。"

"你没有心肺，你应当受到惩罚！"

墙壁上升起了一只巨大的手影，小盲人把小铁罐献给他父亲。铜子儿在铁罐里面撞动作响。那江湖式的中年人沉默不语，按住儿子的手，把小铁罐推了回去。接着我就看见了一个奇特的场面。中年人突然抱起了儿子，扛上肩，如同扛一袋面粉。他好像发了疯，扛着这小东西跳起旋转舞来，同时拍着这小东西的屁股。父子俩莫名其妙地笑了。

我就走了过去。

我头脑昏昏，意识糊涂。我想这个江湖人的奸猾真是可怕，他在利用了儿子的残疾之外，还轻易地获得了一种东西。是什么，我却一时说不出那名称。那中年人脸上骄傲发光，我忘掉了对他的鄙视，不得不承认他有几分高强的本领。

小盲人在人力车上格格格大笑，声音清脆响亮，如同向我挑战。那车夫特别卖力，嚷着要别人让路。他们飞快地跑，快到我的视力跟不上他们。那简直是在飞，是在闪电，我从来没有见过这样的腿劲。

这实在是一个秘密，在我们还是这样糊涂以前。

三个晚上

（一）木楼上

人声渐稀的时候，我早已上了这个破旧的木楼，为的是躲开楼下无谓的笑谈和争吵。

这个木楼好处不少，除了秋天可听风鸣，冬天可看雪飘外，一眼还可望遍周围的一切。

漠漠的天空，三五小星时隐时现，淡淡的一条白色宽带穿过薄雾，无始无终，或者这就是相传的天河了。

我不知道在为什么事而出神发呆，忘了睡眠，坐着听打了十二点钟。

楼下走过几个女郎，黑暗中传来几声清脆的笑语。一个小童叫喊着卖油条。然后，就剩下空巷里的沉寂。

我好像有的是空闲，又抬起头来遥望天河，凝神玄想世上一些奇异的事。也许我能穿透一个神秘的境界。但是，没有结果。

远方移来了一块厚重的云，渐渐遮满了夜空。一阵逼人的凉气使我感觉到自己的睡意。

我慢慢关上了窗子。

（二）肥胖的月亮

汗滴从我的额头上往下滚，不知不觉间湿透了短裤。我真不安宁。

打开窗子，没有半点云。

一个肥胖的月亮，射出凌厉的、惨白的光芒。

我只好迅速回到椅子上，继续听着蚊子不成调的哼唱。我周身刺痒，拿起扇子一挥，油灯却几乎熄灭。

翻开一本书，全是黑黑的圆点，我不明白那都是些什么。

又走到窗前，依然看见半空那个肥胖的月亮。

我迅速地低下头，躲避到床上。

"这可恶的、可怕的东西！"

（三）雨

天上黑得紧，云和云连成了一片，那是黑的一片。

我坐在桌子前沉思。淡黄的灯光照着房内的四角，随意投射出一些长长的黑影。

我的心松散了，可能已经膨胀到不可言状的大，塞满了我的胸腔。

一阵风从窗缝里溜进来，带着一丝凉意。我变得清醒，听着窗外"滴、滴、滴、滴"的响声。

"收衣啊！下雨了！"女人们在喊叫。

我也起去把窗子关严。

灯一吹，雨也大了。雨像瀑布，哗哗地往下倾泻。一条条的电光在窗格子上闪。

我听见了哗哗声中掺杂着悠远沉重的雷鸣。

这些声音构成奇特的旋律，也许是一种音乐。天气在凉下去，我渐渐入了睡，却不知道那是什么时候。

世界一点也不稀奇

从前，当我还是一个小孩的时候，我胆小而且害羞。我喜欢一个人躲在一间阴湿的小房内。

我常常是一个人独自待着。

后来有一天，我不得不离开我的小房间了。

我来到一个月台上。我将要到一个新地方去。我害怕得哭起来。

这时候有一个人走过来，用手抚摸我的脸。

"哭什么？"他问，"好孩子，你的眼睛多么明亮哪！"

他是一个中年人，有一个扁扁的鼻子，一双弯弯的眼睛，一张大嘴，两道笑纹刻在他嘴旁。

"我要离开这里，到别处去。"

"那么，你就因此害怕而哭。哈哈！"

他睨视着我，拿出手绢来揩我的眼泪。

"没有什么，不要那样！世界就是这么回事，一点也不稀奇。电灯总是吊在电线的下面，是不是？瓦总是盖在屋顶上，是不是？树叶总是长在树枝上，你懂得这些就够了。小孩儿，你一定是不曾外出过的。你惯于藏躲。你也惯于梦想。你却不知道一些平常的东西。哎呀，这似乎是在教训你。你不爱听教训，我再谈一些别的。你知道车子的意思吗，那东西可以带你到四方去。你知道食物的意思吗，那东西可以止住你的饥饿，余外就再没有什么了不起的价值。别人打你一下，你回敬他一拳；别人骂你，你就诅咒他；别人夸奖你，你就表示高兴；你一个人走，有清静的快乐；你同一个人一起走，你就有了一个伴；你同许多人一起走，你就会感到热闹；只要你敢走，怎么样都好。你应该学会找到你所需要的东西，然后快快活活地唱。世界一点也不特别，张开你的嘴，唱吧！火车已经来了。"

他又跟我谈了好多，他告诉我，他已经旅行过一百次。

我懂，或者不懂，但是我点了点头。他快活地笑了。

于是我来到这个世界上。

人 与 猫

在雨要下的时候，这个人低压了帽子走出去，快快地走过那几条熟悉的街，做了一次散步或疾走的运动。回来的时候，雨还只是在预备下。天是沉重的。缺少家具的房间对一个孤独的人总是显得太大。好像害怕室内存在一些什么不可知的东西，于是这个人拖出来一把坚硬的椅子，坐在走廊里，仰着头。

太阳明朗的光从云中透出来的时候，雨倒下起来了。是温暖的雨，从一个不明白的地方跳下来，落在树叶上和他头发上。

雨很温暖。于是这个人又把椅子移到五棵负担着紫、红、黑的果实的桑树中间了。树叶并不遮蔽他。银灰色的云流过，在高处，在不很高的高处，静静地流过。没有风，叶子上有"滴滴"的声音轻响。没有风，而云却像一条海舶（是寻觅不老丹的皇帝差出的船，或是运金的海盗的船，谁知道）。升起了所有的帆，在向不知道的地方疾驶，它去了，也许还要回来。

这些树所生长的地方是富于寂寞的，有无所归依的流荡的钟声的寂寞，有稚弱的女歌手们习唱的寂寞。黑色鸦栖在高枝间，关住了嘴。

他想起了莫利思的"虚无乡"。是的，这是一个适当的时刻，为记忆同幻想。不过他又对自己说：

"我，只在看，没有想什么。"

于是拉了拉衬衫的领，在习惯上，那是他在对自己嘲讽。他似乎什么事也没有想，真的，而且他是什么也没有做的。

雨止住了。

灰灰的云散开了，变成一团团黑色的雾气。出现了月亮，正在几根电线间悄悄移动，月亮外还有一颗星。

天是宽阔的，淡色的。

一只猫不声不响地来了，沿着一道矮墙。那完全是一只吉卜林所说的独自行走的猫，悄然拖着黑色的尾巴，很野地走着。

人看见了它，简单地笑了笑，就低声仿效它的呼唤。模仿得很好，这是一个古老的魔法，猫在墙的中段坐下了，用青绿的大眼看着这个奇异的不相识者。

"晚上好！很古的时候，在林莽中，我们彼此都是认识的。记不记得你是第几个从丛林中走出来的？你说不，对的，因为也有人这样说。你是野的，最野的朋友。"

人忧郁地笑着。

猫的眼睛闪着光，却珍惜着它的声音。

人再一次呼唤，它才开始小声答应。人慢慢靠近它。那是一只才长大的雄猫，毛粗，花纹显著。当人的手触到它背脊的时候，它突然跳开了。但是只一会儿，它又为那魔法的仿效声所吸引，又轻轻转回来。它决心给予信任，把脑袋伸给人的手，于是人摸摸它。

"这样很好，不是吗？而刚才是很坏的，你学会了怀疑。现在你应该欢喜，我会细心抚摸你的。"

猫驯服地蹲下了，享受着爱抚。

"你骄傲的小家伙，自甘于与世隔绝。不过我们会成为朋友，在不久以后。我的嗓子还不差，对吗？我不觉得有什么差异存在于我们中间。你听我，这声音有一点沙哑，但不太难听。这是由于好久不谈话。猫可能不会有这样的声音。可惜一会儿这声音就会改变掉，我喜欢这种沙哑的味儿。"

"把脑袋再抬高一点，像一个王子一样。对，这样可以令你舒服。好！就这么着。你听我说。我总这么认为：从不同上去找区别，倒容易找到使彼此接近的东西；从相同上去寻一致，两个东西间的距离却愈弄愈长了。我知道我们在一些地方有许多不同。然而我可以猜想，你正在可惜过去的一点什么，是不是？"

（他并不等待猫的回答。）

"我想是。刚才我自己也在怀念什么，我说不清楚。我只是想说，一切巫术都要失传。对，我刚才就是在想这个。你不是喜欢森林、黑夜、山谷、湖沼吗？而我却爱听那些关于狂飙、日食、潮汐，以及死同生的解说，一些极可笑极荒唐的解说。有一些小小的声音在什么地方震动过，然而这些声音到如今却消失了，好像突然被飞沙所掩。最野的朋友们知道这个秘密，他们却忧伤而固执地沉默着，使得一串一串的日子成为荒凉。这也是我常常感到缺少光亮的缘故。"

（他沉思。）

"我没有什么可以骄傲。因为骄傲者不限于知道自己的价值，或者还加上别人的价值，而是掌握住了价值本身。他有所取，也有所舍弃。沉寂终于被他认为是最好听的声音，青黑终于被他当作最美丽的颜色。他知道油轻于水，铜重于土，喜剧或悲剧于扮演人自己是很难为力的。"

（他凝视着那双深深的、绿色的眼。）

"我有时仍忍不住要用弦，用钢片，用竹子和皮革来制造一点声音。所以比起你来，我免不了哀伤。我记得那本神秘的书终究已经遗失了。常做梦的人很少开口，可我又为平庸而发出悲叹。你可能比我强，因为你保留了一条自己的路。在炎热的夜里你来来去去，在寒冷的夜里你仍是来来去去。在屋脊上你度着昔日旷野的生活，你的步伐仍旧，那样野而固执。"

"在打霜的晚上，你就像在山林中那样嗥叫，而其余的时候，你又是真能不出声的。想着你，我其实应该变得坦然。是不是奏琴的时候还没有到来呢？"

猫呼呼地睡在那只手下了。

人突然觉得自己好笑，这是在干怎样的一件愚蠢事呀，没有想到自己的语言会以这种奇特的方式泄露出来。猫似乎睡得很好，他决心不惊动它，悄悄走开。

"以奥！如……天！"

猫站了起来，依恋地鸣叫，并且摆动那条竖立着的长尾巴。

人对它挥了挥手，在树干后隐住了身子，听它鸣叫着沿墙远去。在天旁，猫的黑色的尾摆动着。

月亮，升到一座沉睡的钟楼的尖上。

春夜过黄河

过黄河的那个晚上是很有几分神秘的。虽然当时我很困倦，感觉已变得迟钝，一些印象却深深留在我的记忆中。

那夜很冷，冷得不像三月。

十一点多钟的时候，列车在一个小站停了一会儿，换上了一辆机车，不知还做了一些什么准备，才又缓缓地往前开去。

我一直恋爱着我所熟悉的一条大江，我在江旁边长大，江风和江水构成了我的年轻，几乎成为我的一部分。然而我却敬重（甚至带几分畏惧的感情）这一个我早就知道的陌生的巨灵，它的仁慈和野性可能是同等地保留在这个民族的血液内，不知道为什么，我总是想念着它。

我守候在窗旁。我的被夜色遮掩的思绪在自由奔驰。

窗外有一片暗淡的天空，但又有一层微微的辉亮垫在下面，作为陪衬。那是隐隐约约的土地边际，有迷离的云和黑色的山峦相混杂，使人分辨不清。游移不定的天地分际线在模糊的阴影中不断延伸。

车的速度更减低了。

茫茫中，前面的土地似乎突然陷落了一大块，一个无边的暗洼在闪动的阴影中出现，已经到了黄河的边沿。一个角落里，几间房屋的窗格间透出黄色的光亮，好像几颗呆笨的星星。

火车到了铁桥上，机械震动的声音及轮轨相摩擦的声音突然变了调。空洞，空洞！高高的桥柱一根一根闪过。列车向前，行驶在迷茫不可测的深渊上。

苍白的月光透过厚薄不匀的云网，投射出一片凌乱的影在下方，然而哪儿是宽阔的河底？往后退的陡岸像一道长长的墙，渐渐变细，变成一条黑线。这黑色的线渐渐又隐进了雾中。黄河在哪儿？如果下面是黄河，怎么没有看见水流和波纹？

我沉默着，沉默地向窗外窥视。只有暗雾，这就是一切。宽阔无边的暗雾包裹着列车，也阻挡住我的视线。从一无所见的迷茫中，我的期望更加展大。

同车的那些学工程的大学生们絮絮地用术语在争辩什么问题，彼此一点也不相让，声音却低沉而且困倦，只偶尔爆发出一声喊叫，大家笑一阵。

强健的桥柱，钢铁的骨骼，在车厢内流露出的光的辉闪之下，一根根出现，一根根游向后去。

月亮时暗时明，也许有许多云朵在迅速地飘过。

在幽邃的河槽中，我忽然看见一条光的蛇在轻巧灵活地摇摆。死寂的暗影被搅动了。光蛇旋了一个身，变成许多个椭圆，抽搐着，抖动着。一转眼，光的线条增多起来，痉挛地彼此相缠绕，如同一串纠结在一起的线绳。

"水！水！"

现在我看见这条河的水了。

我十分惊讶，凝视着下面，一条多么细弱而柔和的水流啊！它悄

然在快干涸的河槽裂缝中蜿蜒流动，没有些微汹涌澎湃的气概。它那高傲不驯的野性到什么地方去了？一个秘密被隐藏着。也许它在轻轻流动，只偶尔小声地对它自己耳语。也许它在独自嬉戏，用蜘蛛网似的波纹裂碎月亮的银光。也许它变成了一个婴孩，没有思虑，不懂穿凿，没有目的地舞动一下膀臂，随着就安然入睡。

我仿佛看见了一个婴孩的眼睛，那晶莹的瞳仁传递给我一种感觉。我的心被触动，我感到一个轻微的颤抖传过全身。暗空仿佛突然变得澄清透明，我开始了一个赞美。

好像我正在怨尤自己生命的卑微，一串空想找不到地点落脚；好像我正跨在一匹神马上，在虚飘飘的光海上驰骋，"无限"忽然向我发出一丝嘘啸；也许我正在悲哀，也许我正在惊讶，然而我不懂这都是为了什么。于是我的赞美在困惑中消失。

时间很短。这一线光在往后移动，这一线水已经离开了我。

暗淡的干涸的河底复又出现。那一片阴郁的黑色仍然板着脸，缓缓地移动后退。

一片雾，一片黑色的雾升起来，笼罩住了干涸的河床和沉默的原野。

这样，我看见了黄河而且越过了它。我满足了一个宿愿，同时我又鄙视自己捕捉现象的能力。我又开始了一个更深的不满，大概是因我没有赶上黄河的旺盛时期。可是我看见了春天的黄河。我又何必不满呢？春天是解冻的时候，春天是出芽的季节，无怪我从那个晚上感到了几分神秘。

我吃了一串葡萄

"先生，我吃了一串葡萄。"

"什么？你为什么要吃葡萄？为什么不吃别的什么呢？为什么要在这时候吃？吃葡萄又有什么意义呢？你吃那玩意儿到底是怎么一回事？"

"我完全不知道。"

"愚人！你会为你的无知遭殃，而且还会连累别人。你仅仅知道吃。干吗不去思索一下你的行为呢？你知道事情的起因和后果吗？那会对自己有利还是有害，你也不去想想吗？"

"不，我不能照你所说的那样去做。我只能告诉你：葡萄是甜的，胜过蜜糖；是酸的，赛过柠檬；是紫色的，比皇帝的大袍还美丽！"

"愚人，你知道的只有这些吗？"

"是的，先生！为了这些东西，已经费尽我的气力了。"

"唉！什么时候才能教你变得更聪明一点呢？你竟然不懂你的所作所为，何等的罪过啊！"

"先生，我说得已经够多了。我还可以告诉你，我为什么吃葡萄，是因为我得到了一串葡萄啊。"

"不可理喻！"

"先生，也许那并不是我的过失。你没看见我的年轻，像正午的太阳一样，照耀着你的衰老。我已经看见了你的白发。"

信　仰

古往今来，世界上的确有很多事情值得人忧虑。一个渺小的个人，他更免不掉要时常为自己的吃和穿等起码的需要发愁。

耶稣曾在讲道时对他的门徒们说：

"不要为生命忧虑吃什么，喝什么，为身体忧虑穿什么！生命不胜于饮食吗？身体不胜于衣裳吗？你们看那天上的飞鸟，也不种，也不收，也不积蓄在仓里，你们的天父尚且养活它，你们不比飞鸟贵重得多吗？你们哪一个能用思虑使寿数多加一刻呢？"

这样的劝告是富于浪漫意味的，但事实上那些可怜的"贵重的人"的境遇往往不如一只乌鸦。天父并不是那么慷慨。令人忧虑的事并没有因为耶稣的讲道而消失。时间过去了快两千年，这个世界比从前强不了多少，依然是一个充满痛苦和恐怖的、人们互相猜疑的世界。

你这个把人类的苦难担在肩头的"犹太人的王"，难道因此我们就只有嘲笑你，和你那劳而无功的举动吗？不，我听见了你那些话时，就仿佛看见了你眼睛里的泪水。你有一颗善良的心。你这个热忱的幻想家，你的带情感的声音还活在今日。由你，我想到了人类的信仰。

为着将来，我宁可肯定这个世界为有信仰的世界。忧虑和猜疑，

只能使人畏缩后退，而信仰却可以叫人行动，即使他们还免不了摔倒。

信仰会使一个人生活充实，内心光明。有勇气的思考将会停止那些没有意义的忧心，那些无谓的顾虑。

我听过这样一个故事。一个医生用他的爱狗做解剖试验。当医生把狗放到手术台上的时候，它还伸出舌头来舔那抚摸过它的熟悉的手。这只过分信赖主人的动物因此要受到严厉的责备吗？不，虽然我替它感到难受。

即令真有一个疯子会突然摔死自己的婴儿，这一个例子也不足以令我们停止勇往直前地去相信一个真理。是不是一个好的信仰会使我们变得糊涂，以至驱使我们去犯过失？我宁可不这样想。从信仰里人们产生了信赖，但信仰不是简单地等于信赖，信仰绝不是盲从。

有哪个真理能够令人信服地告诉我们，造成几千年来人类忧虑的根源是什么，以及怎样去掉那些东西，那我们就会毫不迟疑地接受它。人们苦于很长时间没有一个可以相信的信仰了。

至于我呢？我想我自己如同一根笛子。信仰则如同风，如同气。只有它，才能使我吹出美妙动听的声音来；只有它，我才感觉自己的存在，才算真正存在。我的信仰里包含着相信和不信，有了不信，才有相信。

我不会为自己的声音微弱而感到自卑。我相信它是一个乐曲的一部分。大风暴来到以前，我们感到的也许只是这些景象：一两片树叶在地上滚动，一小朵乌云从天边升起，一点点骚动的声音在远处响。这些东西就是风暴的影子。我不能不相信这些迹象。

看看那远方吧，它已经来了。别只是等候它的猛烈吹荡，先让我们自己发出声响！我不能不相信自己的一点点力量。

论友情

一个人烦恼的时候总比他快乐的时候多。我们常常愿意从自己喜爱的人那里得到安慰同温暖，正如有时我们也不吝啬给他们一些关切和同情一样。我们几乎没有人不欢喜从别人那里接受那种可以支持自己、帮助自己生活得更热烈一些的友情。于是我们极力要求自己的朋友慷慨，虽然自己付出的并不太多，总还是感觉自己得到的还不十分够。希望里的东西永远是比那已经存在着的东西要丰富一些，完美一些。我们爱朋友，但更爱责备朋友。我们生活在许多人当中，而又叹息自己孤独。我听过好多人诉说他们心上的沉重寂寞。

真正的寂寞的确不是一件好东西。它待人很冷酷，也使人变得冷酷。它容许人思想，却不给人以力量。我们也许当工作过度时会不大欢喜吵闹的声音，会想起怎样离开人们去独自休息一会儿；但疲乏时所需要的宁静，所需要的一个人待在一个地方的休息，却不等于寂寞。寂寞对于一个人所造成的灾害不比一场伤风轻。假若我被迫非从两者当中挑选一样不可，我宁可挑取后者。在许多亲人的关切中害一场小病，那简直是一种难得的幸福。我不愿意做一个没有病痛的鲁滨孙。我们也许会为自己的信仰遭受磨难，却没有必要去欣赏那个待在荒野

里苦修的圣安东。如果要去寻找智慧，还是让我们首先去寻找那有人群住着的地方吧。

寂寞一辈子的人是没有的。试一试回想你的过去：在你黄金的童年，你是不是有过一个玩伴儿，和你共同逃过学，共同到小河边去捉鱼虾，飘石片，然后又共同去受责罚？当你长高一点以后，是不是有一个两个荒唐的梦想家，时常和你在一起作漫长的散步，谈说一个美丽的小姑娘，谈说那宽阔的海洋，谈说那不清楚的未来。你们共衣，共书籍，甚至晚上共失眠？随后，你是不是有这样一两个勤快的通信者，彼此按时寄去一些过重的信，讨论那么多的问题：人生是什么？爱又是什么？等等。有呵，那是如何欢乐，如何值得令人想念的一个瞬间呵！那都已经成为过去，如同梦幻，它已留不下什么了！

有些事情是来得太早一点，我们多数人都是显得成熟得太快了一些。这不能责备我们自己。如果的确是有些什么事物令人烦忧，又何必追究这个人的不善欢笑！是因为不断遇着坎坷，我们才不欢喜跳跃。意志所能对人做的事到底是有限的。我们听见那些二十几岁的年轻人说自己衰老了的话不要发笑吧！那种阴暗的心境显然对他是不适宜，但其中也还有些严肃的、值得想一想的事情在。原谅那些不快活的人对别人稍微有点过火吧，原谅他们有时对别人不太注意，有时对别人又过分苛刻吧！他们太爱人，因而才发现人的不可爱处。他们因为太喜欢朋友，反而不能找到朋友。

朋友是不难找到的。如果你不只是专门期待着，你将发现在凡有人的地方都可以找到朋友。比如出门，你只要先向你对面那个同车的或同船的人打招呼，他又对你没有成见，岂会不愿意和你谈谈天。如果他随着拿出了他的纸烟，你怎么又会吝啬得不打开你的罐头。何况现在大家都不是在一次为自己的旅行中。我们正在一条长路上行进，如同一次出征，同行者和我们可以拿出互相保证的是彼此的生命，对于任何患难我们都将要共同担当。我们也如同往一个圣地去朝香顶礼，同行者和我们所共同的是一个最高的、最坚定的信仰，一个最美好的、最伟大的理想。世界上哪有一种旁的朋友比这样的同伴更可贵！我们通常和什么人之所以能做朋友是因为他和我之间有一种共同爱好的东西。一本书，或者一种特殊的趣味。最好的朋友之间所共同的应该是一个事业、一个理想。对这样的朋友，更确切一点，我们就称他为同志。

爱我们的同志吧！珍惜我们彼此间的情感。当大家彼此都不太有钱的时候，不要责备他不豪爽。如要责备，不如责备自己，看自己有什么能对他尽力的地方还没有尽力。如果他这一向精神不大好，不要过分要求他对你热烈。我欣赏古人那种"淡淡如水"的友情的境界。当然我们相交也可以随便一点，吵吵嘴再和好，和好了又吵吵嘴，但那次数也不可太多，或者口气太过分，以至损伤人的程度。我自己既然有些独特的癖性，为什么我的朋友又不能够有？让我们不要为任何一点小意气，一点神经过敏，失掉一个十年的朋友吧！十年，在一个人的一生里不是一个小数字。更不要随便失掉一个初认识的同志的友情，因为比较深的相互了解还得经历一段时间。一点点友情，即使它细小如同沙粒，也不要让它从我们手里漏掉。有它，我们将活得更有生气，工作得更有信心。如果你偶然受伤或摔跤，就可以直接从它懂得这一点点痛苦的意义。它将使我们从疲劳中振作起来。当我们软弱的时候，将依靠它的扶持而重新变得坚强。

关心我们每一个同志吧。那都是朋友。不要嘲笑他们，过分挑剔他们的短处。你看，他也许喜欢多说几句话，他也许容易为一点小事就惊叫起来，他也许太容易发脾气，他也许太容易流眼泪，他也许偶

然会对人撒一个小谎，他也许有点古板，他也许有点笨拙……那都算得什么呢！那些毛病也许我自己都有。我既能原谅自己，为什么对朋友又如此不信任呢？他们都是我的朋友。今天他们有同我生疏一点的，明天他们就要同我熟悉起来。事情的真相就是这样。

　　我们不是寂寞的。

一朵淡紫色的小花

那是一朵淡紫色的小花，那么文雅，那么柔弱。我不知道她的名字。

可是我知道：她终于会开放，只要有一点点水，一点点土壤。

我也知道她会报答。在开放的时候，她会不断地投放出芳香。

在太阳光下，她还会投射出一个小小的影子，具有大树冠的影子的同样颜色。

她的影子虽然是一把极小极小的伞，却也能为一个可怜的蚂蚁遮阳。

她为了诉说，也会发出一些轻轻的音响，就像黄蝴蝶飘行的声音，轻得近于宁静。

可是，无名的小花到底有自己的歌，自己的音乐。

听了这样的歌，就是大理石，也会变得柔和。

听了这样的歌，人们会不再感到恐惧和孤独。大家得到了保证，好像可以永远将不幸摆脱。

淡紫色的小花，没有名字的姑娘，为了欢迎春天，你也应该为自己唱一个歌。

听那些回声，复杂而又欢乐，你不再是单独一个，而是许许多多。

阳　光

阳光是匆匆的过客，总是去了又来，来了又去。

他不愿意停留。不，他也曾暂时在一些梦里徘徊。

他徘徊在沙漠的梦里。沙漠梦见了花朵、云雀、江河和海洋。

他徘徊在海洋的梦里。海洋梦见了地震、小山、麦浪和桑田。

他徘徊在老人的梦里。老人梦见了骏马、青草、角力和摔跤。

他徘徊在婴儿的梦里。婴儿梦见了母亲的歌声、乳汁、胳膊和胸膛。

每个带黑色的梦都闪亮。每个梦都保持着一分阳光。

阳光是个不倦的旅客，他总是来了又去，去了又来。他不能只在梦里徘徊。

他在梦的外面驰骋。

他制造一个个梦，更制造一个个觉醒。他驰骋，在梦的外面驰骋。

第二章　中国人自己的美

　　我在我们这片土地上已经行走了若干年，而且正在行走着。如果可能，还要继续走下去。

　　我的眼睛，我的耳朵，我的心，一致重复地告诉我：中国人有自己的美。

　　虽然她有些害羞，有些躲躲闪闪。她就在那儿，不用怀疑。

我的兄弟们

不要瞌睡，我的兄弟们。在这车皮顶上，要坐稳。

如果觉得冷，我们就背靠背。你的体温加上我的体温，再看着那个歪斜的太阳，我们就会暂时忘掉冬天。

让风尖声地呼啸，让煤屑像雨点一样往身上淋，让我们更快地奔驰。我们正在

越过那灰白色的软弱的小河，

越过那些茅舍和土房，

越过那些光秃秃的褐色山冈。

是的，是我们来了。你们的兄弟们带着枪来了。

你们在鼓掌，在笑。我看见了，我明白。

不要冲出栏栅，再几步就是车站。

张着嘴的卖纸烟的，你好！煤黑子，你好！铁匠，你好！掌鞋的，你好！你那白胡子的老木匠，你好！你那穿着破衣服的裁缝师，你好！

你们都好！

乡亲们，我们一路上都不错，谢谢你们！是的，我们来了。

现在让我们一起下那个煤窑，让我们一起乘升降车往下急驶。

现在让我们一起弯腰在黑暗中前行。这个角落里有好几个人上吊，怪不得周围这么阴森，我有些喘不过气来。

现在让我们一起上升，再回到那个充满了阳光和空气的世界。地面上还有躺着的铁丝网，仍然在叫喊着：当心！

现在让我们进入那间熏满煤烟的大土房，一起坐在没有席子的土炕上，一起大声咒骂鬼子和把头、橡子面和镣铐，那个日子！几个人轮流披一条破麻袋，轮流穿一双水袜子，那个日子！

把那个日子永远埋葬在地底下，最底层！

我们喜爱亮光，就从地底下走出来。

现在让我们一起走出来。

这不行，好兄弟！当我再一次困倦时，不要把你那件棉大衣悄悄覆盖在我身上。

我再也不会打盹。让我们坐好，共同披着这件大衣，凝视那黑夜，凝视机车烟筒里射出的那些星星。

我应当向你说点什么，或者随着车身的摇晃，我们一起唱一个歌。

这是"七九"，这是"三八式"，这是"捅子"。子弹呢，有的是。

傻小伙子，我懂得你为什么老发笑。这枪托有点像你那锄头柄，而枪管比你那斧子更亮。

不要发傻，不要射击那白鸽和老鸦，让它们留在田野上。

把长凳子都搭出来，让后面的女人有个地方站，叫小孩们不要啼

哭，卖烟卷儿的不要叫喊。

现在开会。乡亲们，只管往下讲。一肚子苦水只管往外倒。

这里就是县政府，进来吧，兄弟们。再不用担心穿乌拉的上不了这石台阶。先坐下喝一杯水，从县长划的火柴上点着烟，然后再说大事情。

这是"宫内府"，楼梯上仍在闪亮的是大理石，可是没有绒幔和皇帝。清新的风正在往里面吹，那几片玻璃已经被子弹击穿。

房间里有些轻淡的草香，也有一点点煤烟味儿。

我们的铁匠、炸馃子的、小书记和"苦大力"，都在朱漆地板上伸开了大腿。

他们在开会，商议减房租。他们时而发笑，脆弱的墙壁，不习惯地发出阵阵回声。

不要休息，我的兄弟们。

不要停止，我的兄弟们。

延安的回忆

永远令人不能忘却的一九三七、一九三八年啊，只要我的心思一返回到那年代，我就感到自己心血的沸腾。那时候有多少年轻人，日日夜夜，几千里路，几万里路，爬山越岭，漂洋过海，不顾一切危险同艰苦地直奔一个地方——延安。他们比一些宗教徒去圣地巡礼还要虔诚。

当他们第一次远远地看见那座小小的外表并无显著特征的古城，同宝塔山上那个苍老的宝塔时，很多人禁不住喊叫起来，有的人放开嗓子唱，有的人悄悄掉下了眼泪。我知道有一个人，当他看见延安城的时候，激动得趴在地上，接连地吻那土地。因为，达到这充满自由同希望、每个人都可以放心为解放祖国而工作的地方，并不是一件容易的事啊！

虽然隔了十来年，只要我一回忆到刚到延安的时候，我必然就要想到春天，想到阳光，想到二十几岁，想到活跃和朝气。

很多人都对延安一直有着深厚的感情，很多人是从这个地方才真正开始了自己的生活。回忆延安，必然会令我想到那时候的歌声，想到红旗，想到各种各样的热烈的集会，想到头上包着白毛巾的强壮的农民，同那些穿草鞋、爱在枪头上结一个红缨做装饰的战士们。这些

79

景象永远都新鲜魅人，与我们真正的青年时代联结在一起。

回忆延安，必然还要令我想到那惯常披一件旧棉衣的、一切人们的伟大教员毛主席，也必然要想到那慈祥的、爱和小鬼们一起玩篮球的朱总司令。他们教导人们怎样去打败日本侵略者的声音就仿佛在耳边。

回忆延安，必然还要令我想到那自己亲手用镢头开过荒的山顶上的土地，和那下面自己也动手修理过的窑洞；必然还要想起自己手摇过的纺车；必然还要想起小米饭同洋芋，同劳动后甜蜜的休息；想起那只点着一两盏汽灯的简单但是愉快的晚会，同动人心魄的高昂的陕北民歌。所有的辛苦都带着甜味。

我必然还要想起那在山沟里、山坡上，或土墙的大礼堂里举行的无数次的报告同讨论会；想起在清油灯下阅读整风文件，开始认识到自己的限制和不足，认识到热情还要加上理论同实际，怎么样下决心去为工农兵做一点有用的事情，怎么样去掉空洞的幻想同主观主义。

延安本身是一个最大的大学；七八年中，四方八面不断有人来到这学校，上了几课，又从这里出发到前方。回忆延安，必然还要令我想起那几年当中欢送的许多次出征；想起那些欢呼同锣鼓声，那些带泪水的微笑；想起一些已经长眠的、庄严的面孔，他们已经尽到了自己的责任，祝他们永生！

就是因为这些巨大同琐细的事情，年轻人成长起来，中国得到了第一个伟大的胜利。

就是因为这些，这个外表并不特别出奇的小山城才成为了历史上的革命圣地；在许多人心里的分量超过了自己的故乡，永不能忘。

只要一天还有斗争，我们一天就还能从对延安的回忆里取得新的力量。我们从延安出发的这条道路达到了现在，只要不离开这条道路，我们一定还会取得未来。

长城旅客梦

引　子

一串骆驼，披着新长出的浅黄茸毛，像一群玩偶，却又十分庄严，大模大样昂起那些小小的脑袋，迈着宽阔而柔软的步子，渐渐与列车临近了，一下子就又落到列车后面去了。

景色改移不止，机车虽是使劲地挥动了轮轴，土地飞样地泻向后去，而远方的山丘却顽固地紧追不舍。

一片片正在成熟的高粱使土地变得斑驳多色。

平原后渐渐露出的丘岗地，像些凝固了的波浪，其中散置着许多山羊在低头觅食。看羊人旋过身，望着火车上一个个闪动的窗子。窗子里嵌着的那些陌生面孔，突然出现，突然又消失了。他似乎有点发痴。

列车飞奔着，给原野各处留下一阵阵发酸的烟气。

再前面是隐藏在土坡后的柿林，果实同树叶掺混在一起，分不清。远处，低一点的地面堆积着一堆堆大块的碎石，反射着阳光，十分刺眼。一闪而过的又有几座固定在轨道两旁的方正土屋，很有守望台的

风味。

旅行团的学生们是一团热闹，他们年轻生命的火焰被这明快的原野给燃着了。互相打诨，抛掷糖果及纸团，偶尔涉及了一些淫亵同强横的故事，笑话里不觉便带着苦味，然而笑声是更响了。姑娘们几个一起，彼此勾抱着颈子在窗口对着奔跑的大地合唱。电线杆一根根斜倒下去打拍子。唱着，叫着，于是钢轨更轰轰地振动，想极力掩盖下这些不自量的噪响。慢慢地，"青龙桥"跑了过来，列车停住了。

这小车站即刻被这一批游客灌溉得活起来，月台上下充满了喧哗。

肩夫们，赶驴的们——那些壮实的山民，早候在车外了，做成一道道网，不想让这些由大城市来的人们滤过去。这收到了一部分效果，于是由青龙桥站到长城的道上，延长开了一个长长的混合队伍，骑在自己脚上的人时常拾起石子来威吓那些骑在驴上的。

土质的山有柔和的角弯，而那些谷同隆起的地点却异常奇特，一层层互相遮蔽着，道路在降低后又升高。秋天的阳光明亮得有点惨白。山风，许是因为受了限制，不得尽性，就来回窜，给姑娘们以更好卖弄娇态的机会。

驴蹄敲点在山径碎石上的声音，勾起旅客们的浪漫情绪：有的幻想自己就是山中的响马，于是在心上涂了一片光荣，血，险怪行径的画面；有的背诵一点历史教科书；有的则沉默着，暗暗赞美这土地的美好……

"嘿！长城！"

长城已应声出现在前面。

群山要是波浪，这城就是一道雄心的防波堤。年代久远了，这堤上的砖石似乎腐朽了，上面蜿蜒着一些苍老的斑痕，不少地方露着一些缺口。这城老掉了牙齿了。

然而这究竟是一个年纪老迈的怪物，有一种坚强意志，显出不畏惧一切的神气。在一个最高处往下看，那全体是如何细窄的一条带子呀，薄弱得似乎经不起一股微风，然而却露出了那样一种妖怪才有的精力，那样无终无尽地延长，爬上高险的山，不在乎地越过去，又徐徐降落在阔深的谷里，吐一口气，昂头又起，纡曲地走向无尽。它固执得惊人。

学生们在城墙上分散开了。他们很欢悦。他们狂喊，呼啸，在这古老的巨龙背上。几千年来的血影混成一片彩霞，使他们心里的什么东西发了酵。一些愤慨潜伏在血里，已经激起波涛。有一些人始终不作声，也许他们蛮强的根性更深。人呵，城上又满是人了。

城，这个老精灵非常好胜，愈久愈显出它的气魄，用它的宽肩、它的长躯，使得这些青年变小了，变稀薄了，让他们喘气，而它自己则仍是一声不响，稳重地坐在山野间。

有几个学生鸣放手枪用来代替自己的歌唱。枪声撒野地传遍群山。

云朵坠在天角，潆潆一片纯青罩在顶上。风射过去，舔着这老朋友的脸。多阴险的一个伙计呵，用这假温柔悄悄毁圮它的边沿，倾斜它的坡级，毫不顾惜。风射过去，射过去，许多世纪不停。

烽火台成为旅客们歇脚的地方。这一块小地方临时聚满了人。小商贩带着一些破旧古董、鸭梨、葡萄、羊齿植物化石等等来兜卖。那都是一些结实的汉子，说他们是牧人更合适一点，长年的太阳同风使他们一个个脸都改变得焦黑焦黑的，此刻却低声下气，四处赔笑。

沿着城墙有些人坐下了，开始享用干粮。

最先上到摩天岭的人们庆祝自己的胜利，开始了一个合唱。雄浑的音散入无边无际的太空里。手枪也在那极高处试着嗓子。驴子还在驮着游客向城下走来。姑娘们的秋装，如同山花，增添了这临时的

华丽。

这城和山由这新一代的人获得了一个兴奋的下午，充满了希望、年轻，同生气。

旅　客

热闹如一堆焚烧的干木柴，尽兴地灼亮炸响了一阵，瞬间却连一点余烬都不剩。南行的一列车开到，城墙上就空了。最后一个拾捡残余食物的小孩也走了，长城上只留下强烈颤抖的风。老鹰也停止盘旋了。

火车加速逃开这小站向南去。

暗蓝的夜空镶上了黑圈，瞌睡铺展到大平原上来。蓬松的林木同农作物，在暗中好像是一些巨兽，缓缓蠕动。大地吐出干草的香味。田野在车窗外跳跃，流向后去。

马灯悄悄燃了。

人们沉默地坐着。蒸汽机的吼喘夹杂在轮与轨相摩擦的响声里，有规律地散布开了倦意。

车厢角落里坐着一个胖胖的小官员，低下头，从篮筐里搜出一小瓶酒。举起瓶子时，他全身都颤抖起来。

温度骤然降低了。

列车在昏暗中摇撼着，似一条闪烁的恐龙，怀着孤独的愤怒，狂奔直闯，想冲进丛莽深处，消失在其中。

一个生有一双慧丽的眼睛的、小巧的姑娘，忽然止不住要笑，却又不好意思，便抿住嘴，悄悄向她同伴示意。她们两个人互看一眼，便笑出来了，脸也羞红了。她们对面坐着一个出神的人，随着列车的震动不住地摇晃脑袋，一副呆相。

那是一个年轻的旅客，那样单纯，他不敢向对方看。没有事做，他便低下头沉思。

其实只是一些不受支配的形象和念头在那个头脑里乱窜。他苦恼，他微笑，他忧愁，他得意。这些互相矛盾的心事像弥漫的云，充填于各处，还止不住露到他脸上来，以至被那两个姑娘发现，逗她们乐了。

他无法控制住脑袋的摇晃和脸上的表情。

在他自己呢，却觉得什么都没有改变。其实他明明还听得见对方那两个姑娘的笑声。是的，那是两个很好的、两个很快乐的女孩子，她们似乎特别高兴，有意思。她们笑谁呢？有什么目的……

问题却没有答出来。他知道他身体已经变得很软。不要睡着了！他打算睁开眼睛……

他睁开眼睛。

梦

金色——闪亮——金色、金色——旋转——绿色和暗红色的光辉——闪漾着——闪漾着。

椭圆形的花瓣。闪漾着，飘浮着，五瓣，很多，无数瓣。数不清的虹，互相交织。又漂来了一朵金色的花。

那花朵敏捷地四向游移，作波状起伏。花朵变幻着，涨大起来。花的丛堆。蔓延开去。一闪，一串光圈。多层的光圈，摇动不停。

紫的光圈，红的光圈，碧绿的光圈，橙黄的光圈，深蓝间浅蓝的

光圈，七色综合的光圈……带着细细的尖棱，漂下，浮上，慢慢重叠拢去，又分裂开。

四空充满了亮光。黑色的空隙消灭，代以一片没有边际的光的织锦。

晚霞、贝壳。

什么也不是。

华彩，狂厉地荡漾着。那是些微温的气息，如同和缓的溪流，无休无止地流动。这气息流动时伴有一种韵律。

潮湿和凉意。

寒冷。一层淡蓝的云雾。

云雾开始凝结，血液在凝结。一瞬间，蓝色更深沉，变成一片滞止不动的黯紫。

颤动，润滑而且柔软。一个实体。

这样深黑，这样无声无息。一片柔韧的网膜，包住周围。过去吧！不管，走……

又触着了，那实体的温暖。

美啊！心跳，一种吸引力。那微温的香味儿又挨近了。那么润滑而且柔和……

躲开，而且笑了。

就是她，不错，是她。她狡猾地闪开了这只手，摆了摆头发往前跑。好厉害的一个人哪！

恍恍惚惚，没有一定的目的同方向，轻快地跑着。越过了许多地方。闪过街巷、桥、山、河流……迷茫中，她偎依在肩旁，异常地紧。

风暴、昏黑、模糊、阴冷的雨。一些什么事故层出不穷。惊恐，没有宁静。

终于越过一些阻碍了。

一辆轻车。车子飞快地奔驰，轮子下压着一些碎石子，不断地"叽叽喳喳"地响。土地的不平处使车子跳动，微微有点颠簸。

一个深郁的林子。

各样的树木混杂着生长，枝干高大，叶片繁密，皆都秀气。林内光线很匀和，一种淡淡的、不刺激的明亮，散布在林内所有的地方。

车子在枝叶间拂扫下通过。树枝上缠有斑驳的朱藤，须蔓缭绕，撒下长长的辫发，不时地触着车子和她的脸。非常痒。菌子、青苔零星地补缀于树根、湿土之上。有茂盛的花，各处铺开。

她似乎太轻了，在车内不容易坐稳，时时晃摇，便靠了过来。

软洁的头发，灵活的颈项，端正的肩和柔软的腰，小巧精致的脚胫。那眼睛、牙齿，都闪着明媚的光亮。

她的动作伶俐秀气，如同金丝雀，如同流水上的波纹，瞬息千变。她气息似是山谷内的小风、野花丛的小风。

她笑。

低声耳语，说些什么？她有时很大胆，有时又害羞起来，闭下眼去。一会儿非常兴奋，一会儿又不知为什么突然偏过头，藏住她的脸，不言语了。

她在幻想什么，嘴角带着微笑。

她偎依过来，轻轻地，静静地……

车子不停，在林内穿行。满足、休息、愉快从各处拥出，混合在一起。非常好，永远就是这样吧，永远。

有多愁善感的吟唱。还伴随了许多乐器音，那是笙的成熟的音；闪动的、机灵的笛子的音；那是温柔的、细细谈讲着的月琴音；那是悲哀的洞箫音……

车轮吱吱发响。哗——通！车子跳起来了。这是开玩笑，很高很高，倾斜得很厉害。她支持不住，随着车子歪斜，她倒过来了。

扶她一把，她连忙推开。车子又变得平稳。坐好，她的头发蓬乱了，随着风飘扬。

她好像在生气，偏过头去，看着车外。

颠簸还是不止。膀臂时常滑来滑去，碰着她的肩和腰。那样轻轻的、很有规律的触弄，大概使她发痒了。她用嘲讽的口气叫：

"怎么啦？笨车夫，你这个笨车夫。"

笨车夫，笨车夫，笨车夫，笨……

怎么啦？怎么啦？

她看，她凝视着，低下头去。害羞。

（这感觉很特别，是属于各种颤动感觉的综合，是战栗。怪诞不可解吗？不一定。一根草的摇摆，一个不相干的叹息，一点轻微的恼怒，迅速的一瞥，也许都寓有这意义。冰山的崩解，洪水的暴发，地震，原野上无边的大火，也许就是这东西的化身。追捕它，它就没有了。否定它，它却处处都存在。明明不是属于魔术的幻象，却无从把握，飘忽异常。）

她是活动的，变幻的，闪烁如电光。

忽然间，她高兴得很，她的美丽里透出纯洁同骄傲的光辉来，希望同喜悦充满了她，她又非常顽皮。

她在低声诉说什么，那声调富于诱惑性，她脸上微微泛起一些红色。

那是一个谜语，那声音很轻。

她重复地说：

"我们要——"

我们，我们，我们。

是的，我们。

车子不停奔驰，林子带着阴影闪动，欢笑、愤怒、哀愁、甜蜜……交替着，她感情不断变化。光阴一刻刻逝去，天色阴淡，林子内渐渐朦胧起来。她沉默，显得很忧闷。

远处传过来一声喊叫，非常单调。刚停一会儿，那声音又响了，低低地似从脚下面发出的，很近。

"不！不……"

很不清楚，带着很浓重的嘶音，是些什么？这怪叫，没有意义。声音烦恼地延续着。一会儿，那声音猛然增大，如自一个大的扩音筒里发出，异常震耳，余音拖在空际，徐徐消下去。

一个尖锐的东西碰在头上。那是什么？

额头、胸膛、膝头都碰着那东西，疼痛的感觉。

又是一下，又是一下……倒霉！

不断地碰着一些什么，不断地被弹转来。这样平，这样硬，是一些木板。

是墙壁。

这些墙壁间的距离太近，局促到一块。迈不开步。呼吸困难。

街道。

是的，一条狭窄的街道。

密密层层的房屋。街心弥漫着雾气。街道一时很直，一时又作弧形弯过去。四周非常静寂，没有一个人，没有一只狗。许多弯曲的小巷。两边的墙壁很高，不能透气。一个城市，一个没有边际的大城市。

所有的门扇都紧紧关闭着，那样严紧，而且无声。没有门。

不错，那些墙光而平，连窗户也没有。

雾气在流动。

房屋也在动，彼此间的距离变大了。一个模样的楼房。都是灰黑色的，铁壳子一样，冰冷而坚硬。

为什么不安？

她脸色凄凉，不说话，只发抖。

那些房屋是一些圆丘，地上铺着一团团蓬松松的草。

飘扬着枯焦的纸灰片。

四处乱草，彼此纠缠着。黑水坑。爬满了雀粪的石块，断断续续有蟋蟀和各种虫的叫鸣，一片荒凉。

是坟墓。

呵，一片无涯的墓地。墓碑。露一半在土外的棺材盖和枯骨。一个丛葬地。

她眼泡发肿，脸色发青。

跑吧！逃开，逃开去。

胡乱地奔跑起来。出口在哪儿？什么地方可以逃出去？在哪儿？跳过了一个坟丘，前面又是一个坟丘。呵，踢着了一块石头，不管它！踏碎了一根骨头，不管它！呀！怎么突然悬空了？跌下去。黑暗……抓紧！爬，又是一个坟丘。她呢……她在哪里？很远的后面，她在闪闪摇摇。她忽然挨得很近，可又看不见她的脸。

小路没有尽头，总是在一个圈子里来回兜。

心忐忑，狂跳。

惨绿的鬼火，一球球合拢又分散。

在暗中，她疲乏而惶恐，几次绝望地颠踬倒下。

她重又落后了。

叫她，叫——怎么？完全没有一点声音。原来声音哑了，糟糕！

真的吗？试试再叫叫看。不行，没有一点效果。怎么好？

她在远处慌乱地奔走，挣扎着，又摔倒下去。

她在一个远远的角落里。

她蓬乱了头发，东倒西歪。

她已不见。

一声绝望的喊叫，那是她在叫喊了。声音那样衰弱无力，是在求救，是在请求等待。那声音变得尖利可怕，带着哭泣的尾音。过来吧！这里，过来！

一种凄厉的声音。

"哟——"

马嘶？琴弦的急剧振动？

那是哀号。

那些哭叫响亮而且杂闹。是别的许多人。

许多女人们的激烈的呼喊。是什么使她们那样不安而且恐怖？旋风一样的呼啸，还有那些小孩们的哭叫。

一团团白色水蒸气在上升。是许多人拥挤在一起吵嚷，像一个市集，一场游神赛会。

一大群人在围看一些什么，蠢蠢骚动，大声发笑。

她在不在这里面？一个背影一闪，很像她，但不是她。

没有她，她在什么地方？那一个姑娘，瘦鬼！老极了！她到什么地方去了？什么地方去了？

乒咚！乒咚！

一大块硬煤被一群人围着。每个人都拿着一根木棒，在专心敲打煤块。棒子起起落落，东一下，西一下，那煤块像一块死铁，棒子落下去，就随棒子跳一下，却一毫也没有损伤。

一个人压低了眉毛，生气了，更高地举起了木棒。

煤块依然不动。那些人发狠地使劲。有些汉子脸上歪了一下，那是在笑。

人当中，没有她。

奇怪，她究竟躲到什么地方去了？也许她藏在什么人的背后。

乒乓！

咚咚！

有人皱眉发怒，有人嬉嬉笑笑。敲打着，敲打着，他们渐渐都不行了，吁吁只喘气。歇一会儿，他们一个个又改用木棒尖端去舂。嗤——拍！棒端在煤块上面猛然滑开，一根根木棒都舂在地上。

"混蛋！"发着吼，又一棒下去。

愚蠢得没有办法，没有办法！这样干有什么意思？

她还是不在。

人当中忽然有一个人抬头向这边看了，一双深黑的眼固定地向这边凝视。一种诧异、生疏、发问的神气。讨厌！干什么哪？

那眼睛是那样古怪、冷酷，有点可怕。

走吧！不要给他们看见了。

那是一棵大树，枝叶很浓厚。

快一点藏到树后面去。好了，他们看不见这边了。还好，什么都没有弄坏，真运气！那么，她呢？究竟在什么地方？

人们突然在那里叫喊起来。

"喂！点着，点着！"

"嘿，快点！"

那些人疯狂了，都在乱跳。

火光腾跃，那每一个人的木棒都燃烧着。火把？是的，原来那些人挥舞着的都是火把。他们当中矗立着一个圆柱。那是一架烟火。真奇怪，这烟火。每一个人挤向前，争着去点燃它，可是老找不出那引子。那些手又粗笨极了，互相碰撞。火把总也不能靠近烟火。

人们围着烟火舞蹈，火把彼此相碰。火焰，烟上乱冒。

"呵呵呵……呵呵！"

"成！"

怎么成？真莫名其妙。

人群喊叫，互相拥挤，成了一个洪流。他们脸上都带着喜色，如同在过节日。

"嘿！着了！"

人们慌着散开，乱笑。

什么也没有，哪里着了？连一点声音都没有，胡说，胡说！

突然天一黑，

通！

一个巨大的爆裂声。那个长长的烟火从人当中射起来，旋转着升向碧空，炸裂成无数段，喷出火花。一些火的树，火的房屋，火的人物，在那一片迷茫的、华丽的烟云内浮动。

"了结了，了结了！"人们喊着，大笑起来，狂热地拍手。

天空浮着的那些碎屑复又爆炸开，一阵阵迸射出些金色的、银色的星星，画出一条条弧线，才慢慢熄下去。响声连续，逐渐逐渐细微了。

过年的锣鼓声。

嘚嘚嘚哐！

嘚嘚嘚哐！

一个低声的歌吟夹在锣鼓声中，像是唱小曲，声音却很苍老。

那是一个秃头的人在信口哼唱着。他坐在大树下面。他周围堆满了树叶、小枝梗、灰土。他的脸乌黑多油。

他把脚伸在湖水里摆动。

锣鼓声变小，好像是从湖对面的村舍里传过来的。

这湖很辽阔，湖面伸展到很远。水色黛绿，微波闪摇，织起一道道涟漪，却依然十分清亮。湖底有无数卵石，一些银白色的鱼成群穿游。

秃头人一边摆动着脚，一边唱。他越唱越没有精神，声音很不好听，渐渐小下去。

他忽然停止了唱，取下那副眼镜来。

他眼珠是浑浊的，瞳孔散漫放大，没有光彩。他不知向谁点了点头，叹了一口气。

一些烟气从湖当中升起，卷过湖面。烟子凝结起来，成为一片块状的东西。突然一跳，那东西离开水面飞舞。那是一片灰黑的影。是飞鸟的影？是云的影？

影子飞舞着，一时上，一时下，时时掠过那秃头人的头顶。

影子没入水内去了。

"唉！"

他又叹了口气，声音伸长了，显得十分忧闷。

那古怪的、灰黑的影子又出现了，迅速地飞翔着。

老头并不惊恐，自言自语。

"什么呢？什么呢？是纽扣？还是脚盆？简直就不是……不知道，不知道。简直、简直就没有。"

他很阴郁，皱着额头，垂下了脑袋，软弱得像一张被水浸湿了的纸。他无精打采，靠在树干上。

那灰黑的怪物渐渐飞远了，不见了。

锣声还在继续着。

一会儿，在远远的地方，那一片影子又出现了。那是朦朦胧胧的一堆，随着锣声一同过来了。那是一群人。呵，人。

那些白色的袍，夹着彩色的圆点。那些面容万分沮丧。

一口棺材，许多人抬着。

那是一群送葬的人。

灰尘如烟气一阵阵升起，环绕那送葬的行列。那些人很不坦然，慢吞吞，似在偷偷地干什么神秘的勾当。一个个人都弯着腰，一点气力也没有一样，行进得异常迟缓。

前面，一个怪诞的僧人，披着袈裟，奏着一件乐器！过去了，那声音很凄惨。接着又一个僧人，又一个……彼此距离很远。他们板着脸。细乐哀哭着，和着那发出低沉的长声的喇叭。

这古怪的行列，弥漫着一股浓重的死的气息，乐器的呻吟声飘摇不定。人人低着头，在这死的气息内慢慢地拖延着走过去。

死亡，呵！死……

死了一个某人，是的是的，一定是为一件什么事所毁灭掉的。死了，就完了。死亡，死亡，灭绝，腐烂，灭绝，腐烂。难受，难受！

乐器声变调了。

"等一等，等一等！"

僧人们突然一个个站住了，聚集起来，他们在商议。

有一个人点着他们自己的人数：

"一个、三个、两个、七个……"

那是一种单调、麻木、无力的腔调。

"一个、两个、三个、七个……"

那数目老免不了一些错误，老不能顺利地连续下去。

一团糟！这是一种滑稽的、恼人的数目。

"两个、两个、五个、四个……"

"唉唉，再来一次，十个、三个、两个、四个……"

滚！滚开去吧！糊涂得要命，麻烦得要命！这一股令人作呕的味，闹的是什么一种玩意儿？什么用意？

没有结果的拖延。铙钹继续敲打，夹杂着如骡鸣的尖喇叭声，同低沉苍老的号筒声。

"三个……"

快一点，快！死了的要埋掉，埋掉得快一点吧！这样闹是什么用意？这样愚蠢的延迟真是要命，痛快一点，痛快一点吧！

那些抬棺材的难看的绿袍上的花纹不住地跳动起来。送葬的行列往前走了不远，又退了回来，老是固执地数着。

"不，不！"

不——不——

那个熟悉的古怪声音又响起来了。

那个凄惨的声音一声比一声拖长，如同冬天旷野里狼的绝望的嗥叫。随后是乏力的回声。

一片灰黑的雾滚滚而来。

那刺耳的声响在游移，似乎很近，在周围，又似乎很远很远。

黑暗。寒冷。飞鸟在雾中拍拍振翼而过。一些怪声音。那阴冷的喘着气的是什么？

一阵音乐声流动起来，徐徐地，非常悲伤。

附近有人谈话，却看不见形象。

"得了吧？"

"完事。"

"音乐队的事没了，让他们回去吧。"

"是的，我们也可以走。"

音乐声渐渐飘向远处了。愈远那调子愈凄凉。渐渐弱下去，弱下去。

不舒服。

刺鼻的气味。寂静、阴森、闷气、窄狭。

缩缩腿吧，腿到什么地方去了？什么冰冷的东西在辗过胸膛？是什么从鼻子里流出了？这么一大摊，这么浓，脑髓？这是什么地方？上下左右都是这样坚硬。天！一口棺材。在棺材里面？

（一个巨大的恐怖突降下来，心猛烈地悸动。）

"这是谁呀？是我。我在棺材里。是我死了，是我死……"

旅　　客

那年轻旅客梦到这里，几乎叫喊，幸而醒了过来，一睁眼就看见了自己的膝头，证明自己还活着，便松了一口气。然而已经出了汗了。

火车奔跑得很起劲，一会儿就要到北平了。

窗外的影，掺和了车内的影，在窗板上构成一幅不可辨的、动的幻象。

对面那两个姑娘正在吃橘子，比先前安静得多。她们在悄悄谈一个什么秘密。

他看了看，有点不自在，仍然低下脑袋。

时间的奇迹

　　有那么一个古老的故事，讲到一个打柴火的人到山里去打柴，怎么看见了两个白胡子老头在一棵松树下下棋，打柴火的人忘了打柴，就陪着两个老头看了一天棋。等到第二天他从山里回家，发现世界景象全非，什么他都不认识了。原来他在山里看见的那两个老头是神仙，当他在看神仙们下棋的时候，世界上不知不觉已经过去了一千年。记得我幼年初学写"仿影"的时候，有一种"仿影"，仿佛就是以这故事为内容编的几句五言诗。原句大多都已经忘掉，只记得其中最后两句是："山中方七日，世上已千年。"不知为什么一天变成了七天。总之，不管是山中一日还是山中七日，在神仙那里的时间和人间的时间是不一样的，神仙的片刻抵得了人间的若干年。

　　过去类似这样的故事很多，不仅我们有，而且世界上别的民族也有。前些时偶尔看到一本日本童话，其中有一篇《浦岛太郎》，讲一个捕鱼少年怎样救了一个龙女，后来和龙女在海底龙宫一起过了一段很欢乐但是很短的时间，等他再回到人间，世界上已经过去了三百年。也是关于时间的奇迹的故事。

　　如果说这类故事有所寓意，大体上总不外是对神仙境界的歌颂和赞美。享受了一切特权的神仙们，在时间上也得到了特别的待遇，他们可以比凡人们多得到许多时间，甚至无限的占有时间；因此，就是同他们在一起玩了一天，或同她们恋爱了一阵，也跟着多获得了一千年或三百年，沾了很大的光。看起来，神仙的日子真是好过，真是宝贵，比人间的日子的价值高出几十万倍。

今天大概不会有人认真对待这样的神话。活得长当然好，但如果一天到晚只是下棋也有些令人感到恐怖。在古老的过去，人们曾经勇敢地幻想过乐园，到天上找，去海底寻，但得来的常不过是虚无缥缈。而在今天，人们发现，原来乐园可以建造在人间。乐园的建造要依靠自己的双手，脱离不了劳动和斗争。二流子式的神仙生活，一千年也抵不了紧张工作的一天；世上一日，赛过山中千年。

道理就在于：制造过斧子的人今天又学会了制造工作母机，为剥削者建造过工厂的人今天又学会了为自己建造工厂，他们懂得世界是怎样创造的。那么，可宝贵的乃是工作，乃是用于工作的时间；可歌颂与赞美的乃是工作，乃是用于工作的时间。

关于时间的奇迹，我还看过一篇叫作《荒废时间的故事》的苏联童话。这个童话里讲到一个小学生怎样因为不用功，荒废了许多时间，突然一下就变成了一个小老人。这个并非出于自愿的变化，当然使这个小老人感到难受，感到恐怖。为了恢复自己的童年，他只有经过很艰苦的努力同斗争。一直到他坚持这样做了，才算达到他由小老人还原为小孩的目的。

也许这篇童话还有些漏洞，可是读过它的人都觉得不错。因为它不仅教育了小孩不要逃学，而且也启发了我们成人要珍惜时间。时间真能造成奇迹，浪费了它，一下就由小孩变成了老人；抓紧了它，老人马上又成为青年。

想到时间的问题绝不是一件坏事。我们的新的生活提醒我们注意这个问题。为了早一些消灭我们的落后，建成工业化的国家，要注意争取时间。

提高劳动生产率，要注意争取时间。

创造新纪录运动，要在各方面节省时间。

铁路上的缩短车辆周转率，森林业的抓紧采伐同木材流送，农村的备耕，工业上的修建准备，叫喊着注意时间。

为了提前完成我们生产建设的各种计划，要注意时间。

为了完成我们的写作计划，要计算时间。

我们祖国要做的事情是太多了，处处都在喊着：时间，时间！

为了我们的祖国，光阴是如此可贵。我现在才懂得，为什么当加里宁去看米丘林，加里宁问到他需要什么的时候，他回答需要再给他五十年时间的道理。很多人一定会有米丘林同样的感觉。因为这世界是属于我们的，我们有许多事情要做，每一秒都显得分外可爱。

古老的神话只能讲述不着边际的幻想。我们不羡慕神仙，因为我们可以创造神仙所创造不出的奇迹。一个人虽然活不了一千年，但是他却能掌握自己的每一天，有办法使每一分钟变得更充实，放出光彩。那就是抓紧自己的时间，时时刻刻一点也不松懈，全心全意地为自己的祖国和人民工作。如果能坚持这样，在有限的时间内，就可以像奇迹似的做出许多事情来。这样的实际例子是不很少的，《列宁生平事业简史》里记载着列宁在一九一七年四月回国后的一段工作情况：

> 列宁的毅力真是无穷尽的。在《真理报》上几乎每天都登载有他的论文，往往是一期登载数篇。甚至在列宁从事领导四月代表会议的巨大工作的日子，在《真理报》上也

常有他的文章。自归国以后至七月事变时为止，列宁写了一百五十多篇论文和数本小册子。

不仅写了这么多论文同小册子，而且就在这时期，"列宁时常在群众面前，在工人和兵士群众大会上发言。普梯洛夫工厂、奥布哈夫工厂、塞棉尼可夫工厂、'三角'工厂、奥赫亭火药厂、导管工厂、亚历山大洛夫斯克机械厂、'阿依瓦兹'工厂、'斯科洛和得'工厂、车厢制造厂、尼古拉也夫铁路（现在是十月铁路）车厢修理总厂以及彼得格勒其他巨大工厂里的工人，都在自己的工厂中看见过列宁，他在第一次全俄农民代表大会上，在彼得格勒全市工厂委员会代表会议上，在第一次全俄苏维埃代表大会上都作过讲演。"

仅拿这一段事迹，也就回答了列宁之所以不朽的原因。每个人每天的时间是有限的，谁也不能得到二十五小时；但每天有限的时间在列宁的掌握下却变成了无限。从这里，我们倒找到了一种真正抵得过许多年的一天。这不是神话或故事，而是列宁以非凡的毅力创造出来的。我们要从这里学习，好好掌握自己的时间。这样我们就一定能比自己有限的生命额外争取到一些时间，多为人民做一些事。那么，除此以外，我们还设想一些什么样的时间奇迹呢？奇迹是在于为人民献身的愿望，是在于科学，是可以经过努力创造出来的。这就是我们所以这样相信劳动和工作的道理。

从一个老故事谈起

我们都听说过一个关于鸵鸟的故事。它在被追捕得不能脱身的时候，就把脑袋钻进沙里去；尽管庞大的身躯完全暴露在外面，但它以为看不见危险就是危险已经不存在，可以从此得到安全了。这是一个常被人引用的老故事。

我没到过沙漠，没有见过鸵鸟被追捕的情形；却偶尔在动物园里见过鸵鸟，所见到的只是它在狭小的栅栏里面昂然举步时泰然自若的神情，看来它的日子过得倒是很安稳的。

我见过捉鸡。院里的鸡虽然没有动物园里的鸵鸟那样的好命运，然而鸡在被宰杀前它所有的日子大体也可算是太平的。它在被追捉的时候，也逃跑，也喊叫，甚至还拍起那双短短的翅膀带着肥重的身体飞行一两丈远。但我终于看见它迅速地奔向一堆柴草，把脑袋一下子扎了进去，仿佛一切又十分安然了。

以为看不见危险就是危险不存在的，何尝又只限于沙漠里的鸵鸟和院子里的家鸡！

鸵鸟的故事成了人的寓言。人们对这个故事发生兴趣是因为从鸵鸟的失败中有些人的弱点也被击中了。这个故事令我想到我过去听过的一个并不好笑的笑话。这是一个嘲笑用人力可以达到清洁的目的的笑话。它的教训是：人不能用水来洗干净东西，而只有"眼不见为净"。这句话充满了鸵鸟精神。

当鹰飞过山岭、海燕越过大海的时候，地面上并不是没有蜗牛的，它蜷伏在不算太结实的硬壳内，躲避外来的烦恼。在光明与黑暗搏斗、斗士为人民抛却头颅的日子，曾经有这样一些聪明而又驯良的市民，他们就是抱着这样一种"理想"对待现实的：看不见的，就是不存在的。因此，虽然看得见但他们不打算看而没有看的，对他们就是不存在的。——好的东西是他们看不见的，因此真正值得自己向往而要为它牺牲的好事，是不存在的；坏的东西是自己不敢看的，因此真正值得自己憎恨而要向它作斗争的坏事，也是不存在的。在他们看来，世界上没有真正的公平，也没有真正的不公平，人无所谓正确与错误，勇敢与怯懦，一切全一个样，一切无非都是空虚！在对空虚的叹息中，有些受苦受难的谨慎君子更企图把卑怯化为"深刻"，来辩护自己的自私，驱逐掉自己灵魂里最后的一点不安。够了，这样一个乏味的昨天的故事！

我们终于告别了昨天。

然而，昨天还是不甘心自动退去的，它的阴影仍遗留在某些人的心里。

《人民日报》在七月二十日①的一篇社论中批评了这样一种现象：在最近学习党的四中全会决议、深入检查干部当中相当普遍存在的个人主义思想时，有些人却对这种学习检查抱着怀疑态度，并且轻易就断定了自己没有什么毛病。这种轻易的断定有没有根据呢？真正的健

---

① 指一九五四年七月二十日。

康人是经得起严格检查的，他们当然就用不着害怕，不必拒绝学习检查。只有那些并非真正健康的人，因为他们内心有着"不敢正视现实"的毛病，他们就不能正视自己的缺点，甚至把缺点当成心脏和眼睛来加以保护，害怕检查和诊治。很多人的"轻易断定"，其实也是从"眼不见为净"的逻辑出发的。要改变这种情形，只有首先把眼睛睁开来。

到了鸵鸟的寓言一点也不能适用于今天我们当中的任何一个人的时候，也就是昨天的阴影终于在我们身上消失的时候。而这正是我们所希望的。

昨天到底过去了，我相信今天阳光的力量。

莲花和樱花

十年，在历史上不过是一瞬间。只要稍加注意，人们就会发现：在这一瞬间里，各种事物都悄悄经历了自己的千变万化。

这次重新访日，我处处感到亲切和熟悉，也在许多方面发觉了日本的变化。就拿奈良的一个角落来说吧，我重游了为之感受很深的唐招提寺，在寺内各处匆匆走了一遍，庭院依旧，意想不到也看到了一些新的东西。其中之一，就是近几年从中国移植来的"友谊之莲"。

在存放鉴真遗像的那个院子里，几株中国莲昂然挺立，翠绿的宽大荷叶正迎风而舞，显得十分愉快。开花的季节已过，荷花朵朵已变为莲蓬累累。莲子的颜色正在由青转紫，看来已经成熟了。

我禁不住想："因"已转化为"果"。

中国的莲花开在日本，日本的樱花开在中国，这不是偶然。我希望这样一种盛况延续不衰。可能有人不欣赏花，但决不会有人欣赏落在自己面前的炮弹。

在这些日子里，我看到了不少多年不见的老朋友，又结识了一些新朋友。大家喜欢谈论的话题之一，就是古长安和古奈良。那还用得着问吗，朋友们缅怀过去，正是展望未来。瞩目于未来的人们必将获

得未来。

我不例外，也希望有一个美好的未来。

为了中日人民之间的友谊，我将不浪费今后生命的每一瞬间。

在书市上的胡思乱想

前面的柏树林边就是书市。我们这个不整齐的单行队伍，由叶圣陶和丁玲两位值得尊敬的前辈作家领头，慢慢向那里走去。

我知道自己只能算是滥竽充数，也只有硬着头皮尾随这个队伍。

前面，黑压压一片，人真不少！

有点像要召开一个群众大会。

"是不是又要'示众'？"十几年来我已经习惯于把任何热闹现象先看成是不祥的兆头，心里有点不安了。

但是，空气是宁静的，人们的脸上带着笑。这不像是斗争会。那么，就不会挂黑牌子；就不会用那种高难度的姿态，"黑帮"的"样板姿态"，保持长时间不动，充当一个奴隶的活塑像；就不会……我有点放心了，可仍然有些紧张。

终于，我们走进了书与人群之间，准确一点说，是走进了书架与柜台之间。这一排玻璃柜台的设置，可能是出于对"书"们的安全的考虑。对"书"们要进行保卫工作，可见它们又有了地位，而且地位不低了。

近两年夏天到过北京，晚上在长安街上漫步过的人们，可能会有

这样的记忆。在一盏路灯下，一个女孩子或一个小伙子，坐在人行道的边沿上，膝头上摊着一本书，看得那样聚精会神，好像要把整个脑袋都钻到书里面去。书，在这样的灯光下、这样的膝头上，显出了它真正的尊严。

现在，这个女孩子，那个小伙子，也许正挤在柜台前的人群中，我真愿意再一次看见他们。他们一定在这些人当中。

下午的太阳很慷慨，给予了过多的热力。加上电视记者们使用的发热的灯光，加上购书者伸出的发热的手，加上一连串的签字动作，我冒汗了。虽然明知是沾前辈作家的光，我也有点受宠若惊。

这的的确确不是在挨斗争。

这气氛，使我想起了广州的花市。

离开书市的时候，我的腿发软，心里却很高兴。因为我有了一个大发现：

书，毕竟不是柴火的代用品。

我的希望是：人们既有柴烧，也有书读，只是不要皇帝。

我的再一次回答

十八年前的一个冬天，我由雅加达飞科仑坡，途经新加坡，曾在新加坡的机场休息室里休息了片刻。

那时候已经暮色朦胧，你正站在休息室门口照顾旅客。你安静文雅、和颜悦色，指引一个个不同肤色的旅客依次进了休息室。当我走到你面前的时候，你看了我一眼，若有所思地用英语问了我一句："是中国人，还是日本人？"柔和的声音里分明显示了一种亲切感。我也看了你一眼，我懂得你是认出了我们相同的血统关系。我不假思索，马上就用中国普通话说："中国人，北京来的。你说中国话吗？"你有点害羞地笑了一笑，又用英语回答："我能听，但是说不好。"我的英语不行，又不会说广东话或福建话，因此也只好笑了一笑。

这段用两种语言构成的简短对话，似乎平淡无奇，其中却有某些隐藏着的东西触动了我，我感觉到了世界上的华裔对故土的一种微妙的情思。

几十分钟后，我又在夜空中飞行了。新加坡的灯光变小了，距离我越来越远，你的眼神和声音却跟着我。你的话是淡淡的，然而余味很浓。也许你还想说一点什么，也许你要打听一点什么，我感到你有

所关心。我后悔没有多跟你说几句话。

十几年过去了，我仍然记得你的神情。

现在，你在干什么工作呢？你应该是个早已有了孩子的妈妈了。你叫什么名字呢？你来访问过中国吗？或者你打算将来访问中国吗？

我不知道我是不是还有机会再路过新加坡，反正，像十八年前那样偶然的见面和对谈是永远不会再有了。

现在，为了弥补遗憾，我写一封无法投递的信，再向你讲几句话。

我再一次回答你，我是中国人，一个不折不扣的中国人。虽然我们并不是一切都干得很好，一切都顺利，但并不因此而减少我的自豪感。若干年来我们在不断试验，摸索，有所前进，也遭受过不少挫折。但是，请放心吧，我们不会灰心。你我都懂得，几千年的苦难磨炼了我们，使我们特别能吃苦耐劳。认定了目标，我们就会百折不回。我们不愿意老是落在人家后面。我们尊重所有对我们命运关心的无论什么血统的别国人。而我呢，只能是一个中国人，一个生活在中国、为中国干活的中国人。但是，我的心是向着你的，永远永远如此。我想，你也许会高兴听到这样的回答。我自以为已经听出了你那没来得及讲的话，懂得了你。

也许你已经忘记了我们曾经一度相逢过这样一件小事，也许你永远看不到这样一封奇怪的信，但是这一切都无碍于我要向你表达感情。

祝愿你过得幸福！

中国，中国！

——一个祝词

你们的报纸永远不会变得衰老。

三十年前，你们是《中国青年报》，

三十年过去了，你们仍然是《中国青年报》。

只要有青年，你们的报就永远会是青年的报。

作为一个老人，我从青年得到启发。

作为一个作家，我从你们的报纸得到启发。

我从青年报里听到青年的对话、青年的声音。

有个最强烈的声音，那就是：中国，中国！

这两个字，在我自己的青年时代感染过我，在现在仍然感染我，而且更强烈地感染我。

这是有出息的喊声：中国，中国！

这是有思想的喊声：中国，中国！

现在的青年正如当年的青年一样，在思考着：中国，中国！

我们的排球胜利了，我们欢呼：中国，中国！

我们的乒乓球胜利了，我们欢呼：中国，中国！

我听钟摆的声音，是：中国，中国！

我听所有爱国者心跳的声音，是：中国，中国！

我们的禀赋，我们的才能，哪一点不如人啊，为什么要落在人家后面？哪怕失败一百次，挫折一千次，我们还是要鼓起劲来搏！

在全世界消灭国家之前，我们先得有一个富强的先进的祖国。

请让我学习青年们，

用一个最简单的然而是最高级的词儿向你们祝贺，

这就是：

中国，中国！

献一束杜鹃花
——一个祝词

我，人在北京，心在你们的会场。

我想借你们当中一位同志的口，来帮助我传递一下心情。

我很感动，因为你们把我当作了你们当中的一员。

我只能希望这个新的少年儿童出版社办得成功。

你们的出版社已经成立。这个大会表明你们的工作已经开始，开始走向成功。

你们一定会得到成功！

我很想给你们献上一束花。可是我身在遥远的北京，只能说一说我想献的花。

我想献上一束杜鹃花。

说也奇怪，中国有许多种杜鹃花，而我第一次看见杜鹃花，是四十 三岁那年，在长沙。

当我写这几句祝词的时候，我就想着那些杜鹃，湖南的杜鹃花。

它们慷慨地奉献出自己的彩色，毫不骄傲，毫不自夸。

杜鹃花引起了我许多联想：春天，孩子，单纯，我的十二岁，我母

亲的童年和苦难，湘绣，刚直要强的湖南妇女，仁人志士的热血，变幻不定的命运，为中国献身的湖南人、湖北人，所有的中国人……

我的联想将会是无休无止的。我必须停止。

可是我只能停留在这一点上：孩子。

是的，这个说一万遍也不嫌多的词儿，孩子，代表了一个永远存在的神秘，人类的生命力。

你们的工作是为孩子，为那些像杜鹃花一样的孩子。你们的工作很有意义。你们自己就是杜鹃花。

多美啊，杜鹃花！

杜鹃花存在于我的记忆当中，更存在于我的期待当中。

我期待着你们，期待你们培植出的各种花朵，很快就能散布全国，飞到所有孩子们的手中。

我们看到了你们
——献给中国女排

姑娘们，我们看到了你们。

你们站在冠军台上，注视着正在升起的中国国旗。你们在微笑，那么谦虚，那么柔和。

我们看到了你们。

在失分的时候，你们从容镇定；在得分的时候，你们也高兴得互相击击掌，但立即又弯下了腰身。你们好像什么也没有得到，总是在从零开始。汗珠加智慧，摔倒再爬起。

我们看到了你们。

一球又一球，打出了自信。

一球又一球，打掉了历史强加给中国人的落后，打掉了中国长期蒙受的屈辱。

我们看到了你们。

那些奖杯和鲜花，在你们手中，在我们心中。那是中国的荣誉，中国人的信心。

面向新的世纪，中国就这样开始。

我们要用亲手创造的东西来显示自豪。

通过比赛，我们重新认识了世界，重新发现了自己。

姑娘们，你们展示了一个哲理：我们绝不是十亿个零，但是我们必须悲壮地从零开始。

我们乐观而又悲壮，中国国旗就会一次又一次升起。

是的，我们正在悲壮地行进。

姑娘们，你们打得真好！我们看见了你们。

如　果

——致《青春》编辑部

如果我是一个爱好文学的青年，我希望以培养青年作者为目的的文学刊物有这么样一批编辑。

他们应该都是热心家，热心于支持我走文学的路（如果我适合干文学这一行的话），也热心于支持我寻找更好的路（如果我不适合干文学这一行的话）。

他们应该都是发现者，善于从我投去的十篇稿子当中发现一篇勉强能用的稿子；或者从十篇都不能用的稿子当中耐心发现我还有一点好的苗头，鼓励我再接再厉；或者发现我既无基础又无才能，坦率及时地对我进行宣判，免得我在这方面继续浪费光阴。

那么，这样的编辑们必然也是高明的鉴定家和严格的医生。他们懂得某一个矮矮的小山坡可以通向高峰，某一个较高的丘陵背后则只有一片湖沼。如果是玉，就不会被他们当成石头。如果是石头，就有可能按不同石头的特性分派不同的用场。他们懂得各种疾病，如果必须开刀，手下就毫不留情。如果还有别的办法，他们一定会把手术刀放下，尽量保留患者一条胳膊或一个下肢。只要有一线希望，他们总

117

要设法挽回病人的生命。

这样的编辑们必然有一股傻劲儿，但他们的确又是最聪明的人。

最聪明的人吗？他们又为自己取得了什么酬报？也许在将来，中国真正出现了许多文学高峰，超过了历史，他们会感到在这件事上隐隐约约也有自己尽的一点力，感到一点欣慰。但是，到了那个时候，他们当中有的人也许不在这个世界上了，根本听不见任何声音，别人的感谢和安慰也就完全成为多余。

如果我是一个文学青年，我愿意亲近这样的编辑，认真听取他们的逆耳之言。即使他们的劝告不是句句都让我服气，我也要冷静分析分析。干吗他们要这样干？文学史明明不会留下他们的名字。他们是在伤害人，还是在以自我牺牲来帮助人？

在里程碑旁

——致体育教师们

在我不能忘记的小学老师当中，最不能忘记的有一个，他姓舒。

他教音乐、美术、史地，还有体育。

他教会我运用自己的脑袋，运用自己的眼睛和耳朵，还教会我锻炼自己的手和脚。

他自己的身体很瘦弱，穿的衣服很破旧，但老是乐呵呵。

他对他的学生很爱护，有感情，肯帮助，但又很严格，很认真，从不马虎。想起他这态度，现在我懂得了，他是在以身作则，教我们如何做人。

他是一个体育老师，实际是一个管"德""智""体"的全面老师。

我认为我没有夸张，如果没有这样一个老师，就不会有今天的我。

当然，我一生当中还得到过许多人的帮助，而这位舒老师是给我重要帮助的第一个。

我永远忘不了他，一位体育老师。可惜我离开小学之后再也没有看见过他。

今天在这个会场上，我看见了你们，我忽然想起了他，我仿佛看

见他就坐在你们中间。

我不由得从内心涌起了一种敬意，我要用感谢我的舒老师的同样心情来感谢你们。

这个会，虽然不是一个代表大会，但实际你们代表了全国千千万万有同样教龄的体育老师。你们令人尊敬，可又默默无闻。正是因为默默无闻，就更加令人尊敬。

我要代表我的孩子们向你们表示感谢和祝贺。由于你们辛勤的工作，使他们长大成人。他们有的在国内，有的在国外，都是在为祖国工作。可以说，没有你们，就没有他们。他们永远不会忘记你们。

你们的学生们，分布在各个领域，他们有的已经拿到了铜牌和银牌，有的甚至还要优秀，或者已经拿到了金牌。而你们从不为自己索取一块铜牌。

实际上你们每个人都应该得到一块金牌。

三十年的教学工作，起早贪黑，风风雨雨；没有星期日，不顾寒和暑。三十年，就当成了一天。这件事，可不容易！

你们的耐心，你们的毅力，就像在跑马拉松。你们从旧中国跑到新中国。你们从年轻力壮变成了"年过半百"，当年的满头青丝，变成了现在的白发苍苍。三十年啊，世界上哪有这样一种马拉松！

可是你们坚持过来了，坚持跑完全程。你们真是好样的，每一个人都是不折不扣的硬汉，全始全终的体育健将。

我们的国家记得自己的功臣，我们的孩子们记得自己的好老师。

虽然还没有给你们发奖牌，但是你们已经得到了比奖牌更贵重的普遍赞扬。

这个长跑还在继续。到了一定的时候，也要确定谁是冠军，谁是亚军，谁是第三名，谁是第四名。但是，我敢肯定：不会有一个人不得奖。即使是最后到达，群众也会对他鼓掌。

凡是坚持到底的，就都是胜利者，人民要在自己的心碑上刻上他们的名字。

三十年是一个重大的里程碑。跑到了这里，你们应该擦把汗，喝杯水。

人民在对你们欢呼：加油，加油！打破三十年的纪录！

比赛还在进行，你们虽然有一些劳累，可是没有停下双腿。

人民在对你们欢呼，请不要激动，也不要流出感动的泪水。

比赛还在进行。老师们，我们的老师们！请允许我也当一个啦啦队员，我要和千千万万的人们一起欢呼：

加油，加油！老将们，无名英雄们！打破纪录，祖国万岁！

我是一个小小的回声

感谢云南的主人安排这样一次会见。

这是一次机会，使我有可能亲眼看见你们，向你们表示敬意。

你们每一个人都有一部正在写着的、富于特色的、自己的历史。你们正在思考，正在创造。

我们许多个别人的历史的总和，将要构成二十一世纪的中国历史。

这部未来的历史，将以辉煌为其特色。对这一点我毫不怀疑。

虽然，在我二十岁的时候，我几乎像一个怀疑派；经过了漫长的不怀疑的岁月之后，我重又感到了"怀疑"的一定价值，我把"怀疑"当作认真分辨和深入思考的同义语；可是今天我又用了"毫不怀疑"这样的词儿，我自认为绝非出于轻率。

我这不是在恭维谁。我不相信你们当中的任何一个人会喜欢恭维。

我只不过是在表明一种信念。

由于这种信念，我才觉得像我这样一个报废过的人还应该再活几年，做一些力所能及的事。

可我对自己又不是信心十足。因为我明白自己：先天不足，后天失调。

不能由于我们某个人不算什么，某个人没有丰功伟绩，谁就可以无视所有人的存在，任意贬低我们大家的历史。历史是记载和描写众多的人的事迹的，是属于大家的。神话时代已经结束。

历史正在按照自己本来的模样塑造自己，这可能引起庸人的大惊小怪，但他们也无可奈何。

如果我们真是谦虚的，首先就应该尊重历史，尊重它对自己的设计。认识了这一点，我们才有可能摆脱阿 Q 那种自轻自贱而又骄傲自大的可憎阴影。

我庆幸今天能够在这里见到你们。在别的地方我也遇见过和你们类似的人。我想这不是偶然的巧合，也不能用神秘的命运来解释。年龄不能隔开我们。得到收获的应当首先是我们这些年岁较大的人。

我们每个人都不是孤单的，我们并不寂寞。

我把遇见你们的这种机会当作一种刺激。这是一种让我清醒、使我感到惭愧的刺激。如果我真正懂得了这刺激的意义，我想我不应该泄气，而是增加勇气。

我想用一个朦胧的比喻来结束我这一段不合体统的话。

如果阿诗玛还在呼唤，我愿意做千万个回声当中的一个小小的回声，也许它能在石林里增加一点点音响。

不断的回声，也许能感动一些人。它的作用终究有限。我并不期望它在那些具有铁石心肠的人身上奏效。

不期望不是绝望；正相反，不期望会引导真正的希望出场。

感谢大家，浪费了你们宝贵的时间。

从零和一讲起

——致自学者

    中国人的智力是中国的一项宝贵的资源。智力资源开发出来了，物质资源才会跟着开发好。正确使用和充分发挥了中国人的智力，中国的物质才会得到正确使用的机会，充分发挥作用。

    渗透在我们心里的求学精神是所有中国的有志之士的共同精神。求学精神会帮助每个人改进自己，做到自我完善，脱掉长期戴在我们头上的那顶落后的帽子。

    我自认是你们大家当中的一员。我是一个长期自学而并未成才的人。我很笨。越是学，我越是不满足，越是对自己不满意。接着，这个不满足和不满意又变成了推动我继续自学的动力。我有个死心眼儿，就是不服气。其实我也没有什么很大的雄心壮志，例如"征服世界""控制宇宙"等等，但是我要征服我自己，控制我自己，使我的头脑——这部落后的小电子计算机也能较好地发挥它的功能。

    你们每一位都有一部"电子计算机"，可能你们的许多"计算机"都比我的优越。假如说经过长期摸索我也学到了一点东西的话，你们当中一定会有许多人能够比较快地学到许多东西。我是这么想的。

我们每个人活一辈子都不会永远只是一个零，这大概是一个事实。你只要起步，学到了一个"一"，那就不是零了。这个"一"虽然不大，但和那个零就有本质的差别。这是从无到有，是有和无的差别。有了一，就会有二，有三，以至无穷。我们不怕学习一百次，失败一百次。只要起步，就开始得到了"有"。即使不断失败，这许多个失败加在一起，本身就是"有"，而不是空无所有，至少也等于一。只要事情开始了，我们的手和脑就活动起来；只要活动，就显出了生命的意义。生命表现为活动，存在于活动之中。

尽管我们当中某些人的前途在目前看来是困难重重，我们既然已经作为人来到了这个世界，就绝对不能悲观。我们没有悲观的权利。一个新的人来到了这个世界上，不管别人欢不欢迎，反正这个世界上肯定又多了一个"一"。我们决不能小看这个"一"，对别人，对自己，都一样。一万，一亿，以至无限，都是由"一"构成的。不是这样吗？

我们无须算命，而只需老老实实、切切实实来改变和创造自己的命运。不只是创造个人的命运，还要帮助那些也在为自己命运进行搏斗的善良人。不能轻视"我们"中的每一个"我"，但是任何一个"我"都不能脱离"我们"这个总体而存在。

暂时看不见的东西，不等于将来不能看见，更不等于没有。

我们绝不是零，可不要轻视这一个意味深长的变化。

我很羡慕你们，你们都富于春秋，在今后的几十年里，还要看到许多东西，学到许多东西，并且亲手做出许多奇迹来。虽然那个时候我这个人早已化为零了，但是现在作为一个"一"的活着的我，对这一点却是确信不疑的。

求学，就是对学问的追求，而这种追求精神，就是所有中国的有志之士在走向二十一世纪的时代精神，有了这个精神，世界上谁也阻挡不住我们。

谈 读 书

　　如果一个人有了"知识"这样一个概念，并且认识了自己知识贫乏的现状，他就可能去寻求、靠近知识。相反，如果他认为自己什么都懂，他就会远离知识，在他自以为是在"前进"的时候，走着倒退的路。当我明白了自己读书非常少的时候，我就产生了求学的强烈愿望。当我知道了世界上书籍数目如何庞大的时候，我又产生了分辨好坏、选择好书的愿望。

　　教科书不过是古往今来的各种书籍当中的一个小部分，你不得不尊敬它们，但不必害怕它们，更不要被它们捆住手脚。为此，我已经付出了不小的代价，我没能考进大学。我并不认为自己不好学。

　　如果我在思考一个问题，长期得不到解答，我就去向古代的智者和当代的求索者求教，按照一个明显的目的，我打开了一本又一本书。

　　有的书给了我许多启发，有的书令我失望。即使在那些令我失望的书面前，我还是感觉有收获。那就是：道路没有完毕，还得继续走下去。

　　书籍默不作声，带着神秘的笑容等待着我们。当你打开任何一本书籍的时候，马上你就会听见许多声音，美妙的音乐或刺耳的噪声。

你可以停留在里面，也可以马上退出来。

至于我，即使哪本书里有魔鬼在号叫，我也要听一听，这是为了辨别小夜曲、牛鸣、苍蝇的嗡嗡、狮吼和魔鬼的歌唱有什么差别。这些差别，也是知识。

书籍对所有的人都是平等的。即使你没有上过任何学校，只要你愿意去求教，它们都不拒绝。

我读过一点点书。最初是为了从里面寻找快乐和安慰，后来是为了从里面寻找苦恼和疑问。

只要活着，我今后还要读一点点书；这是为了更深地认识我自己和我同辈人知识的贫乏。

书籍，在所有动物里面，只有人这种动物才能制造出来。读书，人才更加像人。

中国人自己的美

我能听见同伴呼唤我的声音，我活在活着的中国人当中。

我还能听见那些遥远处模糊的独白和对话，那些是死去的中国人的声音。他们停止了呼吸，留下了永远也不会消逝的反复的回声。我也活在死去的中国人当中。

我只能是一个中国人，这个逻辑非常通情达理。

我在我们这片土地上已经行走了若干年，而且正在行走着。如果可能，还要继续走下去。

我的眼睛，我的耳朵，我的心，一致重复地告诉我：中国人有自己的美。

虽然她有些害羞，有些躲躲闪闪。她就在那儿，不用怀疑。

我在我们这片土地上已经行走了若干年，而且正在行走着。如果可能，还要继续走下去。

我看见了前人和同行者的许多足迹，常常是印在坎坷不平的路上和泥泞中。那就是一幅幅画，并不难懂。

凌乱的足迹，夹杂着整齐的足迹，在前面，又在面前。

我听见前人和同行者的呼吸声音，常常是显现在狂暴的西北风中。那实际是喘气。然而这些喘气就是一个最美的歌曲引子，在前面，又在面前。

我们这许多年，说不上是两百年、两千年，还是多少年，并不都顺利。可能今后还会有许多不顺利。可是不能抱怨这片土地和她生育的子女。

当一只乌鸦向我们闪动翅膀的时候，正是因为它在叫嚣，奸笑，自鸣得意，我就更加相信中国美的生命力。

她的存在又一次得到了证实，她将继续存在又一次得到了预示。她就在那儿，不用怀疑。

我们活着的中国人
　还要在我们
这片土地上
　继续走下去
走下去！

用我们各自的足迹，整齐地，或凌乱地，加深：

中国人
　自己的
美！

一个老人这样回答

如何关心自己的孩子，这是《父母必读》的编辑同志给我出的一道难题，我推脱不掉，只好来回答。我打算尽量说真话，但个人的真话并不等于科学，因此，我对我的这个回答没有多大的自信心。

在"史无前例"的第一个秋天，我的几个孩子（不是全部）给我贴了一张大字报。其中内容之一是谴责我喜欢猫，说我关心小猫超过了关心自己的孩子。这个"罪名"不算小，而又相当真实，我只有默默认罪。认罪而又默默，是因为在斗争会上没有人根据这一条来正式斗争我，我没有机会发言认罪。此后，我确实也反省过对自己的孩子是否关心的问题。

回想四十八年前我离家时的情景，当时我也有过我的孩子同样的心情，我认为我的父母（特别是父亲）不关心我。那个时代还没有发明大字报或小字报，我也就没有想到揭发和批判。

现在，我的父母都早已去世了，我也远离了自己的年轻时代，对许多事情都能够冷静地想一想了。我原来对父母的那一条评价，现在得改一改。说他们从来不关心我，或毫不关心我，都有点太过分。我只能说，我的父亲对我（这个与他有关的"产品"）观察和了解都不够，因而对我评价不高，以致使我认为他对我不公平。的确，我小时候是很固执，不大听话，引起了他的反感。不过在多少年以后，我终于还是博得了他的赞许。当然，我也慢慢忘掉了我的不高兴，有时我甚至还感激他当年把我赶出了家门。祝愿他在天之灵安宁而且快乐。

我的母亲和别人的母亲一样，也有对子女的"母爱"。但我母亲给我的"母爱"是有节制的。她主张我早日离家独立。现在我认为：这就是她关心我的一种表现。她这个决定是明智的，她的貌似坚硬的心并非不温柔。

一个母亲如果能够及时减少以至撤销对自己子女的保护（更不用说袒护和代子女包办一切了），悄悄注视着他们而让他们动手去干一切他们自己能够学会干的事，以致使他们早日锻炼出独立生存的能力，这实际仍是出于母爱，一种由理智起平衡作用的现代的母爱。只有那些有知识有远见的母亲，才能给予这样的母爱。

父母并不是保险公司，不可能有效地为子女保障未来。为了子女的未来，为了子女在那个"未来"里可以自己独立而正确地处理某些问题，父母事先只能帮他们做一点有限的准备工作，这就是在适当的时机对未成年的子女进行适当的启发和适当的引导。主要是让子女充分懂得生活的严峻性，敢跟命运抗争，不存任何侥幸心理。这大概就是所谓的家庭教育吧。

贤明的父母决不能做子女的奴婢，不要在他们的哭哭啼啼和抱怨面前屈服。

望子成龙，这种心情可以理解，但盲目地宠爱子女，每每适得其反。

关心不等于溺爱。

关心应该先从观察开始。观察产生了解。了解准确了，才能抓住

那个适当的时机，进行那个适当的启发和适当的引导。

关心，既包含有感情的成分，更包含有理智的成分。正确的关心，必然是用理智来驾驭感情，是理智和感情统一后的产物。

可是，感情是那么容易驾驭的吗？

一对年轻的父母正在一个幼小的孩子面前惊慌失措。

"你听，小宝贝儿又哭了，又哭了！"

"多么可怜啊！可能他饿了。不，可能是病了。"

"别紧张！先瞧一瞧是怎么回事，再想一想怎么办。"一个老人这样回答。

我自己是一个老人。毫无疑问，我是赞成这个老人的回答的。

第三章 我仍在路上

真正的人正在多起来。他们具有仁慈而宽恕的心，他们有眼泪，但不为自己哭。

我仍在路上，不会感到孤单。

我也不会失落，因为再也没有地方可以容我失落。

给匆忙走路的人

    我们每每在一些东西的边沿上经过，因为匆忙使我们的头低下，虽然已经往返了若干次，还不知有些什么曾经存在于我们身边。有一些人就永远处在忧愁的圈子里，因为他在即使不需要匆忙的时候，他的心也是俨然有所焦灼。如果稍微有一点愉快来找寻他，也只能是由别人的提醒叫他偶然反顾到自己那几个陈旧的小角落，而这些角落的许多情景于他也是模模糊糊的。这种人的唯一乐趣就是埋首于那贫乏的回忆里。

    这样的人多少有点不幸。他的日子同精力都白白地浪费在期待一个时刻上，那个时刻对于他好像是一笔横财，那一天临到了，将要偿还他失去的一切。于是他弃掉那一刻以前所有的日子而无所作为。也许真的那一刻可以令他满足，可是不知道他袋子内所有的时间已经接近花尽了。我的心不免替他难过。

    一条溪水离开它保姆的湖泊启程时，它就喃喃地、冲击地、发光地往平坦的地方流去。在中途，一根直立的芦苇可以使它发生一个漩涡，一块红砂石可以让它跳跃。它不怕时间像风磨一样转，经过无数曲折，不少别的细流汇集添加，最后才徐徐带着白沫流入大海里。它被人赞赏，绝不是因为它最后流入了海。它必然要入海。诗人歌颂它的是闪光和青春；哲学家赞扬它的是力量和曲折。这些长处都显现在它奔流过程中的每一刻上，而不是那个终点。终点是它的完结，到达了终点，它已经没有了。它永远消失。

我们岂可忽略我们途程上的每一个瞬间！

如果说为了惧怕一个最后的时刻，故免不了忧虑，从此这说话的忧虑将永无穷尽，那是我们自己愿意加上的桎梏。

一颗星，闪着蓝色光辉的星，似乎不会比平凡多上一点什么，但它的光到达我们眼里需要好几万年还多。我们此刻正在惊讶的那有魅力的耀人眼目的一点星光，也许它的本体早已寂冷，或者甚至于没有了。如果一颗星想知道它自己的影响，这个想法就是愚人也会说它是妄想。星星只是静静地闪射它的光，绝没有想到永久同后来。它的生命和智慧就是不理会，不理会得失，不理会自己的影响。它的光是那样亮，我们每个人在静夜里昂头时都发现过那蓝空里的一点，却又有多少人于星体有所领悟呢？

那个"最后"在具体的形状上如同一个点，达到它的途程却如同一条线。我们是说一点长还是一条线长呢？

忽略了最完全最长的一节，却专门守候那极小的最后的一个点，这个最会讲究利益同价值的人类却常常忽略了他们自己的价值。

伟大的智者，你能保证有一个准确的最后一点，是真美，真有意义，真能超过以前的一切吗？告诉我，我不是怀疑者。

不是吗？最完善的意义就是一个时间的完善加上又一个时间的完善。生命的各个细节综合起来才表现得出生命，同各个音有规律地连贯起来成为乐曲、各个色有规律地组合起来成为一幅画完全一样。专门等待一个最后的美好时刻，就好像是在等待一个乐曲完善的收尾同

一幅画最后有力的笔触，但忽略了整个乐曲或整幅画的人怎么会在最后一刻完成他的杰作？

故此我要强辩陨星的生命不是短促的，我说它那摇曳的成一条银色光带逝去的生命比任何都要久长。它的每一秒都没有虚掷，它的整个存在都在燃烧，它的最后就是没有烬余，它的生命发挥得最纯净。如果说它没有一点遗留，有什么比那一闪而过的美丽的银光的印象留在人心里还要深呢？

过着一千年空白日子的人将要实实在在地为他自己伤心，因为他活着犹如没有活着。

"教我做个好孩子"

六月一日快到了。一位阿姨来家提醒我："您应该向孩子们说几句话。"

"说些什么话呢？"我想了老半天。最后我回答这位阿姨说："对啦，我就对孩子们这么说，请你们帮助我做个好孩子。"

那位阿姨先是拿眼睛瞪着我，然后就笑了："您都这么大年纪了，怎么还能做孩子呢？"

我说："如果孩子们肯教我，我就能做孩子。如果我好好学，我就还能做好孩子。"

真的，我向孩子们学习过，有好几次了。比如，两年以前，我就向两个小姑娘学习过跳皮筋。我那个笨劲儿呀，就不用提啦。两个小姑娘教了我半天，我也没有学会。

不过，我还是从小姑娘们那儿学到了一些东西，那就是她们耐心帮助人的态度。她们一次、两次、三次改正我的错误，一点不嫌麻烦。最后，她们对我这个笨学生也进行了一点点批评。她们是这么说的："你看你，怎么老学不会呀，下回好好学吧！"

她们没有狠狠说我一顿，脸上还带着笑。我知道我是挨了批评，

可是这个批评态度真好，我也学习了她们这一点。

还有一件事。

上个星期有一天，我去游泳。到了游泳池里，我在这一头儿，有个小姑娘在那一头儿，我们俩对着游。游到当中，我们俩碰面了。不小心我的手碰着了那小姑娘的脚。这本来都怪我，想不到那个小姑娘反而抬起头来说一声："爷爷，很对不起！"我真不好意思，连忙说："没关系！这是我的不对。"我想，以后我一定得注意。本来应该归我道歉的事，我晚了一步，我落后了。

你们看，那个小姑娘不就是我的老师吗？她教我学文明礼貌。

这不都是真的吗？你们能够帮助老人，帮助叔叔阿姨，帮助比自己小的小朋友，做好多好多好事。你们都是好老师！将来，有一天，你们还能做我们这个伟大国家的好主人。

六月一日这个节日真叫我高兴。这个节日也有我一份。我真想做个好孩子。请你们教给我怎么做，你们一定会同意的。

好老师们，我祝贺你们，也感谢你们。

我的话完了，谢谢！

只要我们心里有孩子

在过去的岁月里，我们每个人都可能有所损失。

追回损失的唯一办法，是面向未来，把心血奉献给未来。

未来也许很抽象……不，非常具体。

那就是你们的弟妹，或者子女，所有的幼小者。

只要懂得爱护未来，我们就将失而复得。

只要我们心里有孩子，中国就会有音乐，有花朵，有希望。中国永远是中国。

枯黑的手

无论是清晨，是日中，或是黄昏，只要启开大门，不久就会伸进一只枯黑的手，喃喃地求乞：

"先生，做个好事！随便给一点，残菜剩饭都行。"

我想：

"大家都差不多，你长久地站在门外也无济于事。"

我总是用同样的腔调说：

"如果你在这儿等候，只有白白浪费时光。我没有可以施舍的东西，你应当想想。"

那只枯黑的手终于缩回，我不知道是否给它留下了烦恼和怨恨。

以后我曾经乘着月光在一个午夜里漫步，我走到了一个旷野，一座山旁。接着我又在一些寂静的小街小巷里穿行。

在一条小巷的角落里我突然又看见了那只枯黑的手。他侧身躺着，头下还枕着一块石头。他像在睡觉，然而已经死去。

他伸着那只枯黑的手，安然地伸着，不肯垂下，就像一棵小树。

他伸着那只手，此刻却不是表示乞求。

没有女人的哭泣，更谈不上香花的供养。这里只是一个小巷的角落，没有青草，更没有黄雀。有一点月色，也临近灭绝。

"你应当想想！"好像他在对我说。

那只枯黑的手安然地举着，使我感到惭愧，甚而恐惧。如果那只手摇动一下，我就会拔腿奔跑。

小巷是寂静的。他屈身躺着，显得特别安宁、平静，不打算和任何人争吵。

而我，脸上有些发烧。

于是我逃走，身后拖着长长的影。

我知道，要启开大门，照样会有一只枯黑的手伸进来。我是逃不掉的，但是我仍然在逃走。

我只是个不速之客

门虽然关着，里面却有灯光。于是我敲门，我就成为你们的客人。

小小的房间很暖和。火炉靠近单人床。书桌上，台灯散布着昏黄的光，光里充满了纸烟的雾。在这些东西当中你们竟然坐下了三个人，三个人当中还有一个小茶几，或者是一个小圆桌。

我，这第四个，挤进来了。小房间立刻多出了一些空间，我也得到了一个舒适的座儿。有意思，简直像变戏法。于是我坐在你们当中，很暖和。

"让她唱那个歌儿给你听。"

（好像我早已知道了那个歌儿，其实刚才我才听说。）

"再唱一次吗？"她满脸微笑，对着我这个闯进来的陌生人。

抒情的旋律，一会儿海阔天空，一会儿又在诉说某些人的心事，这就是那个歌儿。

她在笑。然而我知道你们刚才都哭过。我装作不知道。我不想查找你们脸上的泪痕。我不想这样做。

我接过了你递过来的酒杯，还有她递过来的筷子，还有什么来着。

她在唱，我在变成贵宾。

也就是那个歌，让我变成了一个旅客。并未历尽她的千辛万苦，我却像她一样走进了东北的深山老林。

我不笑，也没有哭，我只是个不速之客，我得冷静。

我作文的第一个引路人

——记邓精一先生

一九二七年我在湖北省立第五小学上学。秋季开始，我升入六年级，遇见了两个好老师，一个是教音乐、美术、体育和算术的舒恒圃先生，一个是教"国语"（现在叫"语文"）的邓精一先生。六十多年过去了，我一直怀着对这两位先生的深深感激之情；如果说我还有些小小的长处和特点，我认为都是在这两位先生的帮助和鼓励之下才开始形成的；他们送给我勇气，教给我做人，影响了我一辈子。

我一生的职业都几乎跟书和文有关，这里我就先谈邓先生。

如果我的记忆不错，邓先生是湖北钟祥人，当时看起来有四十多岁，个子不高，戴着一副厚厚的近视眼镜，红而且胖的脸庞上显着一种忠厚善良的神情。他从不斥责学生，更别说打骂学生了。他陶醉于每一篇课文，高兴时，甚而吟诵其中一段。他的嗓门儿很洪亮。

至今我还不很明白，邓先生为什么会喜欢我那些作文练习。我的毛笔字很坏，又不会写文言文。但他对我的练习总是给以好评。

事隔多年，我写了一些什么现在都忘光了，甚至连题目也记不起来。

只有一个例外，我第一篇受到邓先生鼓励的作文题目我能记住。那是邓先生出的题，叫作《春游》。

邓先生出题的时候，离"五小"全校到武昌郊外那次春游大约已有半年之久，至今我也不明白他为什么在秋天让我们来回想春天。

那次春游，气派很大，全校师生将近四百人，列成一个长队，打着校旗，整整齐齐走上大街。最神气的是那个有三十多人的"笛鼓队"，乐器是大、小军鼓和横笛，走在大队伍的前面，不断吹奏着"清明时节雨纷纷"之类的乐曲，鼓舞我们的"士气"。大街两旁不少人看热闹，使我们感到自豪。我感觉自己好像编进了一支军队中，正在出征，使劲迈开两腿，大步前进。

这是我有生第一次，跟随着鼓点，跟随着队伍，在人群中昂首阔步、神气十足地春游。按说我那篇题为《春游》的作文首先应该写这些印象，可是我没有这样做。

我抛弃了声音和热闹，选择了色彩和安静，着力描写城外的那个蓝色的湖，那些红土上的柳树，黄色的菜花，那些在透明的水流中的小蝌蚪，云彩和阳光，透露了我心中的温暖。这些感受，是我在春天多次独自到武昌城外得来的。这不是在写某一次春游，而是在写春天和春天给我的特有的喜悦。可能我还虚构了某些景色，用来表达自己的心情。当然，我也套用了一些"桃红柳绿"这样现成的词句。总之，我忘掉了那个大队伍，和那支神气的笛鼓队。我独自一人在遨游。

卷子发下来了，邓先生在文字旁密圈密点，最后还写了一个富于情感的好评。可惜时间太久，我忘掉了这个总评的文字。

这篇作文被评为全班第一，以后还传到校外去了。

邓先生没有说我忽略了全校的那支壮观的队伍。

邓先生这种不拘一格、不强求学生应该如何如何写的教学方式，

使我以后更加大胆，更加不受拘束地来写我的每一篇作文。

此后，我就不害怕作文，反而把作文当成一种乐趣。

现在我想，邓先生这样做，实际是在鼓励学生发展个性和想象力，提倡一种自由写作的风气，他那副厚厚的近视眼镜后面实际是一双有远见的眼睛，他有一颗诚实而智慧的心。由于他的启蒙，我在以后长期的曲曲折折、坎坎坷坷中，总还是摸索着按照自己的特点来走自己的路。

离开小学以后，就再也没机会见到邓先生了。如果现在他还健在，应该是一百岁上下的老人，而我也不年轻了，我想是无法再见到他了。

我的报答，只有努力学习他，也许才能够表达一二。也许我终于学不会，那将是一件多么令人伤心的事啊。唉！

一直在玩七巧板的女寿星
——记冰心

冰心这个女寿星一开始就出手不凡。她小时候穿了许多年男装，十分淘气，差一点就变成了一个真男孩。

很年轻，就出了大名。她作诗，写散文，写小说，翻译泰戈尔，成果累累。

她的散文，引出了无数模仿者，只是那种美而不花哨，清新自然而不矫揉造作的风格，没人模仿得了。

特别是那本《寄小读者》，给了一代又一代的少年们以勇气和好奇心，让他们去寻找广阔的世界，也寻找自己。

后来，有的人找到了一些。有的人虽终生没找到什么，也以提到那本书和作者的名字为荣。

三四十年后，冰心又伪装为"男士"，写了一本极有风趣的书，引起了不少真女士发疯，不断向"他"追求。这个恶作剧，仍是种淘气行为，可又不是用淘气这个词儿能解释清楚的。

那盏小橘灯，却完全是一种女性的善良，一颗母亲的心，照亮了一个黑暗的小角落，促使濒于死亡状态的良心复苏。

　　好奇而大胆的冰心当然有自己的"探险记"，有自己的出征，偶尔对朋友说说，好像没有写出来。如果已经写了，那就怪我孤陋寡闻，请冰心宽恕我的无知。

　　冰心当然也有自己的"历险记"和"受难史"，那滋味不会太好受。不知道她是否向别人诉说过，至少是我没有听到过。她是一个不喜欢诉苦乞怜的人。

　　不知不觉，她已经变成女寿星了。

　　这个女寿星自有特点。她深居简出，从不赶热闹。她天天读书，几乎无所不读。她抽出时间来接待络绎不绝的来访者。她不时写一些短文，多半是为幼小者和弱小者说话。

　　不是吗？她做了她所能做的。

　　冰心喜欢说自己是一个十九世纪的人，她生于一九〇〇年。

　　我想，上帝让她出生于十九世纪告终的这一年，就是要她承担使命，用她特有的方式，送走十九世纪和那个世纪的残余物。她实际属于新世纪，属于未来。

　　孩子们喜欢除夕和春节。在这两个不同的节日里，同样充满了快乐和希望。

　　女寿星一点儿也不老。她非常清醒，超过许多未老先衰的后生。她仍然在除夕晚上准备迎接元旦。

　　她仍然好奇，有爱有憎。

　　尊敬冰心的人越来越多了，各有各的出发点，各有各的理由。

　　一九二七年夏季某天，我在一个图书馆里一口气读完了《寄小读者》，开始认识冰心。这本没有任何故事情节的书一下就吸引住了我，那个本来只爱读旧小说的少年。我猛然感到，在文学作品里原来有些东西比故事情节更为重要。

冰心不说教，只是在亲切谈心。我听着听着，感到面前出现了一种新境界，令我神往。

那是美吗，但美又是什么呢？

一九五三年夏季，我见到了冰心本人。因为她太平易近人，以至不久我就放肆到把这位前辈称为"大姐"。

将近四十年的光阴一晃而过，不觉我也变成老人了。

这段时间里，风云变幻，从大风大浪到飘满鸡毛蒜皮的浊水翻腾，我们或共同，或从不同地点、不同角度，接受了"洗礼"，结果是变成了正教徒，还是异教徒，自己也闹不清楚，这里暂且不表。

今年春节前，向冰心索字，意外地得到了她很少示人的集龚自珍句三首。

这消息传到了《当代》编辑部，他们便很希望能发表这些集句。最后承冰心应允，就又抄出她的另外几首集龚句。

这些集句陆续成于一九一四年到一九一八年间，或许可以称之为冰心的真正少作。

我们很想知道冰心当年集句的心情和含意，就去问冰心，希望她泄露一点天机。她的回答是："当年集句仅仅是在拼七巧板，并无深意。"

其实这样提问就是有些犯傻。诗就是诗，你自己品不出味来，又怎样向你讲解呢？

我算服了。

但我这个穿凿成性的人有时又禁不住往龚自珍身上想。

那个了不起的龚自珍，他反对"衰世"，叹息"万马齐喑"，想挽救被扭曲的"病梅"，颂扬"山中人"，喜欢王安石，支持林则徐，等等等等，是他的哪一种思想吸引了那个刚脱去男装不久的少女呢？

答曰：龚自珍做的那套七巧板。

是吗？我们大家都来玩七巧板吧。

淘气的女寿星啊，至少你可以教教我们玩七巧板吧！

冰心玩着七巧板，很快就步入了"五四"运动那一年。怎么说，我们的运气也算好，我们终于多知道了一些冰心的开始。打算认真写一部深刻的《冰心传》的研究家们应该感谢我们。是我们首先采访到冰心玩七巧板的。

七巧板、七巧板啊！你在考查我们的智商，检验我们的想象力。我们不准备再向冰心提出诸如此类的幼稚问题了。

女寿星啊，我特别尊重您的智慧。

关于萧乾的点滴

近几年，萧乾自己写了不少回忆录式的文章；研究家们也把研究他，作为一个热门。这可是一件大好事。

萧乾一生，算总账还是幸运的。因为他在风险中阅历很多，而且活过来了。将近百年来的中外大小热闹，他或者亲身赶上了，或者很早就亲耳听到了。他既坎坷，又成功；既倒过大霉，又大显过神通；摔倒过一两次，总是重新站起来，精神从不沮丧。说他"土"，他很"土"；说他"洋"，他很"洋"；真是个"土洋结合"的中国大专家。他自己写的"回忆录"，别人写的"萧乾研究"专著，里面都大有学问。别人读了之后，即使不能马上悟道，也会受些启发，作个比较，看看自己此后应该怎么办。做不了大善事，至少也不能做大恶事。

两个月前，一位研究专家给我来了一封信，要我也为萧乾写点什么。此事不能马虎，我认真想了一想。

我写些什么呢？

我没有念过大学，没有得过学位，没有教授或研究员的头衔，我能写出一篇研究专著吗？此路不通。

转而一想，萧乾不念旧恶，在最近的一些文章里，不是仍把我称

为"老友"吗？于是我有了灵感。其实，他是我的老师。他第一个发表我的文章，并推荐过我的某篇习作进入当年的佳作选；他给我出过主意，鼓励我继续写，并教我如何开拓自己写作的门路。五六十年来，我们相聚的机会虽不多，但对这位老师的喜怒哀乐，确实还是知道一些星星点点。

正式的论文我写不了。不走正路成习的我，就利用这些星星点点，不管条理，不分轻重和深浅，来写个夹叙夹议的"点滴"吧。如有差错，文责自负。当然，我相信萧乾照样会待我以宽容，不会见怪的。

为了行文方便，我极不科学地将这些"点滴"分为他所不喜欢的事物和他所喜欢的事物两个方面。

先说他所不喜欢的事物。

我长期的印象，他所最不喜欢的是：陈腐的习俗，以及一些明定或暗定的"框框"。那些玩意儿越是吓人，他就越是反感。他颇有点改革家的精神，只是不大露在口头上。

为了吃饭，大学毕业后他进了天津大公报社，分工管副刊。他的第一个改革就是在他直接管辖的那个《小公园》里排污除油，将它变得比较干净，比较清新。在《小公园》更名为《文艺》之后，接着他又巧妙地设法，从北京那些老牌"名人"的世袭领地上挤出一些地盘，放进一批有些异端味儿的青年来，让他们唱唱自己的歌。这也许还算不上"造反"，一些老调却不得不降低一些声音，收敛一下气势。

当时的有心人和明眼人大概都注意到了这一点。这项改革并没有大吹大擂，目的却十分清楚，步子也十分坚定。

幸逢其时，我也沾了改革的光；一个无名小卒得以出头露面，当众耍弄自己那枝并不怎样的笔，一而再，再而三。

就是由于萧乾，我才认识了沈从文、刘祖春、黄照、杨刚和张桂等。其中以杨刚和张桂对我的关切较多，以后我赴延安，不能不说是受了这二位的一些影响。

完全可以这么说，没有萧乾，就没有今天的我。我今天仍然并不怎样，这是无可奈何的事，可以怪我自己不争气，可以怨天怨地，可就是怪不了萧乾。对萧乾，我心里只有一个词儿：感谢。

另一个印象，就是：萧乾自己不喜欢对人装腔作势；反过来，他也受不了别人对他来这一套。

最近得知，萧乾特别讨厌那种把生活当舞台、逢场作戏的人，例如什么不老装老、倚老卖老、大做生日等，因此得罪了人。我这才明白，为什么有一双看不见的小鞋，他一穿就是几十年。

他这个人有时看来精明干练，其实并不如此。他天生有股倔劲儿，可能源自蒙古，在一般人看来，就是傻气，和精明正好相反。

他这个人从小就上洋学堂，而且有一个当传教士的洋嫂子，待他不错，可他就是信奉不了上帝和耶稣。我也不能想象他心里有观世音菩萨和"大仙"。迷信与他无缘。

他从小就没交过好运，在冷酷无情的现实生活里除了一个赤裸裸的自身，他还能相信什么天外奇迹，和从墙角里突然发现一个金元宝这类的地上好运呢？

他是一个独来独往惯了的人，十分敏感，十分自尊，因而有时免不了多疑，不肯轻信。明明到了一个十字路口，何去何从，是听别人说，还是自己先来观察一下呢？

我不知道胡适的某些主张是否对萧乾有过影响。比他小五岁的我，是受过胡适的一些影响的，至今我还在回味：胡适的一些意见，和对胡适的"大批判"。我还在想。

萧乾和杨刚的那场所谓在旅行中带不带地图之争，我的推测是：萧

乾不愿意带上别人预先制定的框框，然后才去考察复杂的人生。实际上，地图这玩意儿也不太神圣，因时因人而异，老是改动，找不到一个百年不变的版本。

萧乾不带地图而旅行，付出了不小的代价。在这个世界上，"独立思考"还是一件很玄妙的事。因此，无论什么样的地图都还是有些用处的，只看怎么用。

在精神上，年轻的萧乾多少有点像西班牙那个有名的骑士堂吉诃德，也打算向什么怪物挑战，只是在他还没有碰上风车时，就被几根藤子绊倒了。中国这块土壤，产生不了堂吉诃德。我们的国情只允许产生阿 Q。

萧乾对官僚没有好感，这是无意中泄露出来的。

一九三七年八月或者九月间，他和沈从文先后到了武汉，住在珞珈山。先到武汉的我，某天去看望他们。"七七事变"后，不几天我就匆匆离开了北平，绕道回到了武汉。托运的衣箱老是跟不上来，我一身灰布长衫，脱下来就无衣可换。去珞珈山那天，我穿上了我父亲那套中山装（我父亲是中学教员，那是"中学教员集训班"规定的制服）。一见面，萧乾就半开玩笑半讽刺地说了一句："你这打扮真像个'党官'！""党官"者，国民党官僚也，这怎么沾得上我的边呢？这句话却当真使我不愉快了好几天。

没想到，若干年后，共产党也采用了中山装作为制服和礼服。爱国的萧乾回到大陆来以后，终于也置办了这样一身礼服，不知道他第一次穿上这礼服时心里是怎样想的，这且不去管它。我提起这一段琐碎的往事，并非对他的讽刺耿耿于怀，存心报复，只是为了说明官僚当时在他心目中的地位。历史很顽强，官僚在它保护下，不是那么容易就消灭的。

喜欢无拘无束旅行的萧乾当然不喜欢墙。一九五七年的"拆墙留线"之说，那是表明了许多人都不喜欢墙，不过那句话里的"墙"只是一个比喻，一个象征。萧乾不但碰上了比喻中的"墙"，而且碰上了货真价实的墙；不但碰上了一般的墙，而且碰上了墙中之墙。是命运在捉弄他吗？不一定。我看是他的命运太好，总在促使他"见多识广"。

他在一篇回忆录里提到了一个大酱园，那个大酱园也是我所熟知的。过去曾经帮助过这大酱园里的许多显赫人物的萧乾，此时命运不济，大概连个"司局级的作家"都算不上，待遇自然高不了。不用说，我的地位和待遇都比他要高。当时我住在第一进院子里的一所南屋里，而他则住在第二进院子旁边的两三间西屋里。他这就很容易看见墙中之墙了。他一出房门，就面对着一堵新砌的白墙和一座小红门。这墙和门是新近为北屋的高级作家的安宁而专门修建的。过去，北屋的老主人，酱园的掌柜没想到在本来已属于自己的院子内还要设防，他到底不是作家，没想到同院的伙计或晚辈有时可能发生的干扰。现在一设防，别的人，第一个就是萧乾，就在同院中被分开、被隔离。触景生情，萧乾有些想法也是难免的。连我这个还算"当权派"的中级作家对这新的修建也有些感到不安。我是怕我那些不识高低好歹的孩子们去冒犯那座神圣的小红门。他们碰钉子是活该，而连累我，给我带来一个不痛快，实非我之所愿也。在这里我也借此暴露一下自己的小市民心态。呜呼！

不用说，萧乾对那些高嗓门儿、低嗓门儿、大小"作家官儿"们是喜欢不起来的。我这么说，不知道是否有些武断。

近几年，萧乾真的"翻身"了，在某些会议举行庄严的大会仪式时他也能坐在主席台上了，他却很少去就"座"，这似乎也不太难以

理解。

他从来不喜欢寄人篱下，不见得翻过来他就喜欢显得高人一等，以观看大批人都待在他下面（无论篱下、台下、阶下、脚下等等）为乐。

我没有看见过萧乾的眼泪，只见过那张圆脸上所皱起的眉头。也许他真是一条硬汉，有泪不轻弹。不过，话又说回来，他真正感到伤心的时候，怎么可能有我在场呢？

够了。

还有些什么东西令他不喜欢呢？我想研究家们早晚会——研究出来的。我只知道这么些。

那么，就谈他所喜欢的东西吧。我知道一些，不算很多。

他富于进取精神，他的勤奋和刻苦，是我学不来的，也不打算学了，对此我只有干巴巴地说这么一句。

我最欣赏他的，说来也怪，是他对音乐的喜爱。

我觉得真正喜爱音乐、打心里欣赏音乐的人都是好人。请学者们对我这句话不要当真，我知道我这一句"随着感觉走"的话是经不起一驳的。

对那些专心欣赏好音乐的人们，一看见他们那一副专注而感动的神情，我就肃然起敬。在好音乐正在演奏时还在嗑瓜子、扯淡、卖弄风情的男士女郎们，我则以为是无救。我的偏见太深，我承认。

在大酱园里，萧乾肯与之交谈的，我大概算一个。我们谈得最多的不是国事，不是文学，也不是张三李四，而是音乐。他谈贝多芬，我谈"老柴"和莫索尔斯基。德彪西的名字是他第一次介绍给我，并借给我一张唱片，让我尝尝味儿。十年前，我又知道了他十分欣赏亨德尔。某届"政协"会议期间，他就带着一整套《弥赛亚》的录音带，时不时欣赏其中一段。通过这种交流，加深了我们之间的理解。别看他有时皱眉头，他的心却很柔和。他是一个艺术家、一个诗人。

萧乾打心眼儿里佩服的中国作家是鲁迅、巴金和冰心。这只是就我所知而言。那个准确而完备的名单，只有萧乾自己来开。当然他不会只喜欢三名中国作家，尽管他们确有很大的代表性，他们都是中国的良心。我不打算提及那些伤了他的心的人的名字了，其中有人一度也许还做过他的朋友。

他喜欢年轻人，在"小朋友"面前从不摆架子，偶尔慎重地向他们进一两句不损害自尊心的言，顶多像一个仁慈的大哥。你可以跟他抬杠，甚至顶撞，他也可能生气。但是没关系，以后他还是你的朋友。

二十世纪三十年代后期，他在香港又主持了一段《大公报》的《文艺》，何其芳和我常把一些在延安的青年作者的习作转给他，他都及时发表出来，从未退过稿。

萧乾喜欢平等，喜欢真实，支持创新。他是一个感情细腻、文字俏皮而讲究的现实主义者。

他的英文和英语都算第一流的，国外学术界很尊重他。如果用一句开玩笑的话来说：在中国任何地方他都完全可以当一个假洋鬼子，但他从不卖弄，从不显摆什么洋味儿。

萧乾爱自己出生的这片土地。虽然在这片土地上他吃了不少苦，受了不少罪，他的深情并不因之减少。这是不易理解又是容易理解的。

下面，我要说一个比喻。不知为什么，我总觉得萧乾有些像易卜生笔下的那个培尔·金特。那个挪威小伙子有些调皮，有些浪漫，就是不向命运屈服，离家远行，漂洋过海，受尽诱惑，历尽沧桑，不管走多远，无论多么飞黄腾达，就是忘不了那个并不富有的朴素的故乡。他灵魂里总是回荡着一个歌声，引人泪下的纯情的爱的呼唤。格里格

用音乐解释了培尔·金特，完全使我信服。爱在等着他，他不能不回来。于是，抛弃所有那些身外之物，他回来了，为了纯真的爱。

中国啊，你是恋人，又是母亲，你的亲人怎能离你远去，一去不回头，怎能不分担你的痛苦和忧愁！

萧乾没带地图而远行，依然没带地图而回来，我相信他不会后悔所有这一切。他体验了人生，体验了世界，得到了一笔神秘的财富，用来报答自己的亲人。

现在，萧乾已经年过八十了，只剩下一个不太健全的肾脏了，还是日日夜夜，分秒必争。他在唱，心里滴着血。他为的是什么呢？为的是什么呢？

一个低音变奏

——和希梅内斯的《小银和我》

许多年以前，在西班牙某一个小乡村里，有一头小毛驴，名叫小银。

它像个小男孩，天真、好奇而又调皮。它喜欢美，甚至还会唱几支简短的咏叹调。

它有自己的语言，足以充分表达它的喜悦、欢乐、沮丧或者失望。

有一天，它悄悄咽了气。世界上从此缺少了它的声音，好像它从来就没有出生过一样。

这件事说起来真有些叫人忧伤，因此西班牙诗人希梅内斯为它写了一百多首诗。每首都在哭泣，每首又都在微笑。而我却听见了一个深沉的悲歌，引起了深思。

是的，是悲歌，不是史诗，更不是传记。

小银不需要什么传记。它不是神父，不是富商，不是法官或别的什么显赫人物，它不想永垂青史。

没有这样的传记，也许更合适。我们不必知道：小银生于何年何月，卒于何年何月；是否在教堂里举行过婚礼，有过几次浪漫的经历；是否出生于名门望族，得过几次勋章；是否到过西班牙以外的地方旅

游；有过多少股票、存款和债券……

不需要。这些玩意儿对它来说都无关紧要。

关于它的生平，只需要一首诗，就像它自己一样，真诚而朴实。

小银，你不会叫人害怕，也不懂得为索取赞扬而强迫人拍马溜须。这样才显出你品性里真正的辉煌之处。

你伴诗人散步，跟孩子们赛跑，这就是你的丰功伟绩。

你得到了那么多好诗。这真光荣，你的知己竟是希梅内斯。

你在他诗里活了下来，自自在在；这比在历史教科书某一章里占一小节（哪怕撰写者答应在你那双长耳朵上加上一个小小的光环），远为快乐舒服。

你那双乌黑乌黑的大眼睛，永远在注视着你的朋友——诗人。你是那么忠诚。

你好奇地打量着你的读者。我觉得你也看见了我，一个中国人。

你的善良的目光引起了我的自我谴责。

那些过去不会完全成为过去。

我认识你的一些同类。真的，这一次我不会欺骗你。

我曾经在一个马厩里睡过一晚上觉。天还没有亮，一头毛驴突然在我脑袋边大声喊叫，简直像一万只大公鸡在齐声打鸣。我吓了一跳，可是翻了一个身就又睡着了。那一个月里我几乎天天都在行军。我可以一边走路一边睡觉，而且还能够走着做梦。一个马厩就像喷了巴黎香水的带套间的卧房。那头毛驴的优美歌唱代替不了任何闹钟，那在我耳朵里只能算作一支小夜曲。我决无抱怨之意，至今也是如此。遗憾的是我没有来得及去结识一下你那位朋友，甚至连它的毛色也没有看清；天一大亮，我就随着大伙儿匆匆离去。

小银啊，我忘不了那次，那个奇特的过早的起床号，那声音真棒，至今仍不时在我耳边回荡。

有一天，我曾经跟随在一小队驴群后面当压队人。

我们已经在布满砾石的山沟里走了二十多天了。你的朋友们，每一位的背上都被那些大包小包压得很沉。它们都很规矩，一个接一个往前走，默不作声，用不着我吆喝和操心。

它们的脊背都被那些捆绑得不好的包裹磨烂了，露着红肉，发出恶臭。我不断感到恶心。那是战争的年月。

小银啊，现在我感到很羞耻。你的朋友们从不止步而又默不作声。而我，作为一个监护者，也默不作声。我不是完全不懂得那些痛苦，而我仅仅为自己的不适而感到恶心。

小银，你的美德并不是在于忍耐。

在一条干涸的河滩上，一头负担过重的小毛驴突然卧倒下去，任凭鞭打，就是不肯起立。

小银，你当然懂得，它需要的不过是一点点休息、片刻的休息。当时，我却没有为它去说说情。是真的，我没有去说情。那是由于我自己的麻木还是怯懦，或者二者都有，现在我还说不清。

我也看见过小毛驴跟小狗和羊羔在一起共同游戏。在阳光下，它们互相追逐，脸上都带着笑意。

那可能是一个春天。对它们和对我，春天都同样美好。

当然，过去我遇见过的那些小毛驴，现在都不再存在。我的记忆里留下了它们那些影子，欢乐的影子。那个可怜的欢乐！

多少年以来，它们当中的许多个，被蒙上了眼睛，不断走，不断走着。几千里，几万里。它们从来没有离开那些石磨。它们太善良。

毛驴，无论它们是在中国，还是在西班牙，还是在别的什么地方，命运大概都不会有什么不同。

小银啊，希梅内斯看透了这一切，他的诗令我感到忧郁。

你们流逝了的岁月，我心爱的人们流逝了的岁月。还有我自己。

我想吹一次洞箫，但我的最后的一只洞箫在五十年前就已失落了，它在哪里？

这都怪希梅内斯，他让我看见了你。

我的窗子外边，那个小小的院子当中，晾衣绳下一个塑料袋在不停地旋转。来了一阵春天的风。

那片灰色的天空下有四棵黑色的树，不知什么时候，已经喷射出了一些绿色的碎点。只要一转眼，就会有一片绿色的雾出现。

几只燕子欢快地变换着队形，在轻轻掠过我的屋顶。

这的确是春天，是不属于你的又一个春天。

我听见你的叹息。小银，那是一把小号、一把孤独的小号。我回想起我多次看到的落日。

希梅内斯所描绘的落日，常常由晚霞伴随。一片火焰，给世界抹上一片玫瑰色。我的落日躲在墙的外面。

小银啊，你躲在希梅内斯的画里。那里有野莓、葡萄，还有一大片草地。死亡再也到不了你身边。

你的纯洁和善良，在自由游荡，一直来到人的心里。

人在晚霞里忏悔。我们的境界还不很高，没有什么足以自傲，没有。我们的心正在变得柔和起来。

小银，我正在听着那把小号。

一个个光斑，颤动着飞向一个透明的世界。低音提琴加强了那缓慢的吟唱，一阵鼓声，小号突然停止吹奏。那些不协调音，那些矛盾，那些由诙谐和忧郁组成的实体，都在逐渐减弱的颤音中慢慢消失。

一片宁静，那就是永恒。

题张守义《斗鸡图》

公鸡们都洋洋自得，喜欢大惊小怪，行为姿态夸张。

二鸡相斗，先是两个脑袋紧紧相对，齐上齐下，并不开啄，好像演习，近乎舞蹈；后来真正动了嘴和爪子，双方明明头破血流，精疲力竭，却都不甘示弱，装得若无其事；及至一个得胜，一个败北，胜者在追逐一阵之后，败者在逃出一段距离之后，各自拍翅引颈高歌，胜者固胜，败者亦胜。公鸡也许是阿Q的始祖。

童话和绘画这些玩意儿胆敢变化有无和事物的分寸，都具有喜欢夸张的天性，自然也就喜欢表现斗鸡。

人类其实天天都在夸张。只有一点影儿的"无中生有"，和难免添油加醋的"有中生有"均为夸张。那些"正经人"所宣称的"正经"其实也是一种夸张，那些叫卖者称之为"货真价实"的"真"和"实"更是一种夸张。

什么是真正的"真"，什么是真正的"假"？面对这个世界的真真假假，虚虚实实，大大小小，我时常是头昏脑涨。于是我想：

与其弄真成假，不如弄假成真。

假中可以见真，真中可以见假；真不真，假不假，就是这个世界的传真妙法，张守义得之也。

未写完的畸形小传
——应某编者之约而写

如果我父亲严奇安、我母亲朱芷馨当年对各自配偶的选择稍稍有一点变化，世界上根本就不会有我这么一个人。

既是凑巧，又是不幸，作为他们的第一个儿子，我于一九一五年十月十五日糊里糊涂地出生在武昌城一个什么房子内，至今也查不出是什么街什么巷多少号。

在族谱上，我是文字辈。算命先生说我五行缺金，因此我父亲给我取名为文锦。

小学六年，中学六年，十二年中有十年多我是在武昌上学。我随着父母到过西安、汉川、南昌、九江等地，加起来共一年多时间。我是在武昌长大的，我只能把自己当成一个湖北武昌人，而没有跟父亲当湖北汉川人，也没有跟母亲当湖南宁乡人。

我没进过私塾，初小四年，上的是教会学校；从高小起，上的都是所谓"新学制"的省立学校。这有幸，也有不幸。我没读过四书五经，倒读过了一点"新旧约"。到了老年，我还要来补一些私塾里的课。

在小学时，我功课成绩最好的是国语（作文）和音乐（唱歌），最差的是体育。在中学时，我学得最差的是物理。

体育不行是因为身体瘦弱，四肢不灵活，不喜欢跑跑跳跳。在篮球场里，跑不了几步就心慌，喘不过气来。

一岁多，我得了一场大病，持续了将近一年。据母亲说，那一年，武汉得同样病的孩子死了许多，我能活下来，算是运气好。我那在上海哈佛医学院受了两年教育而自动退学的父亲，确实不是个学医的材料，他也不懂那是什么病。为治我的病，他既找中医也找西医，既求和尚也求道士。他日记里只记下了我不断发烧，以后又不断生疱疖的现象，还批评了我的哭哭啼啼和无理取闹。

高烧使我变成了畸形。我脸面变得歪斜，全身左右都不平衡。我还得了一个双手发抖的后遗症，以致以后学写字的时候，手老是不听使唤。天气稍一冷，我两手两脚就变得冰凉。

因为不喜欢跑和跳，就不大和别家的孩子一起玩耍，常常一个人坐着发呆。我母亲夸奖我两三岁的时候性格安静，能够拿小板凳坐在她身旁，一坐就是一两个小时，一声不响。

上小学了，认识一些字以后，我就独自看书，碰见什么看什么。当然，所能碰见的都是父亲为他自己买的书。

第一个引起我兴趣的故事是《人猿泰山》。这个故事在一种杂志上连载，杂志不全，因而故事也没有看全。我很羡慕猩猩，希望自己也能像泰山一样，和猩猩一起待在非洲的森林里。

从小学三年级起，我接连阅读了几部中国长篇小说。这些小说都是亚东书局出版，由汪原放用新式标点标点过的。从《西游记》《镜花缘》开始，一直读到《老残游记》《儒林外史》。

这些书当中自然也有《红楼梦》。我还不懂因而也不能欣赏贾宝玉和林黛玉那样的爱情。我只单恋过同巷的一个叫黄梅子的小姑娘，我

从来没有跟她说过话，但老幻想和她待在一起，每每就在半空的云雾里，待在那里做什么，就没有内容了。我兄弟八个，存活六人，一个妹妹也没有。家中的女性除了母亲之外，就是一个时常更换的老妈子了。武昌的房屋没有院落，一般只有两个小"天井"，比真水井大不了多少；"天井"里没有花草，更不谈树木、假山、流水和小桥了。连武昌唯一的公园"首义公园"里面也没有一个比得上"大观园"的景色，至于那些富贵和风雅，我从来没领略过。我先是羡慕，继而妒忌，最后是发烦。我父亲倒属于"红学"里的"索隐派"，对他所说的那一套，我更不感兴趣。我这小家子气和俗气，早就决定了我以后不能搞"红学"。

在初中一年级时，我读了《阿Q正传》。这篇小说使我耳目一新，以后我攒了吃早点的钱去买了一本《呐喊》，从此开始接近了新文艺。同时，我还沾父亲的光，读了《福尔摩斯探案大全集》《聊斋志异》等书。我还偶然从楼上一间空房的杂乱废物堆下发现了一部石印的《金瓶梅》，翻了若干页，就看到了一些性描写，心里立即明白了这套书是父亲有意藏在这个地方，怕我看见，因此急急忙忙专找那些他怕我看的描写看，而不顾其余部分。以后我见着父亲，从不提这件事，以免扫他的兴。他也不知道他的诡计全归失败。

父亲一共有两架书，经不起我读。随着年龄的增长，我把那些并非文学创作的书也读了，如：《胡适文存》《科学与人生观论战》《古史辨》《黑幕大观》、两本关于"进化论"的通俗著作、《苏曼殊全集》等。这些书共同帮我构成了一种自相矛盾的偏见：不相信有天堂和地狱，而希望跟狐仙和美丽的女鬼相见。

高中二年级的时候，不知由于什么冲动，我给自己起了一个笔名，"青蔓"，将一组小散文向《武汉日报》的副刊《鹦鹉洲》投稿。没想到两三天后文章就发表了，编者还专门登了一则启事，欢迎这个"青蔓先生""源源赐稿"。我很高兴，真的就接着向《武汉日报》以及别的报纸"源源"投稿了。不到半年，我就结识了好几个像我这样的"青年作者"。

我的时间大量用在写作上，对功课就不怎么注意了，成绩自然下降。

还有，我的初恋也分了我的心。那个姑娘叫李婉平，比我小两岁，每个星期我们都要各写情书一两封。这场恋爱以我去北平而告终。

这必然会引起一个后果。一九三四年夏天，我勉强算是高中毕业了，而报考几个大学我一个也没有考上。

我父亲本来就不喜欢我，这一来他就更有理由讨厌我了。

我的个性很强，很自以为是，对父亲不尊重且不说，还不时讥讽他一两句，因此父子经常发生冲突。

为我找出路，母亲就向在北平图书馆工作的我的大堂兄严文郁求援。文郁帮我在北平图书馆找到了一个月薪二十五元的职业。一九三五年春，我向在汉川开粮食行的二姑父李禹臣借了三十元路费，一个人来到了北平。

在图书馆每天上班六小时半，晚上都归自己。我的活动范围很小，没有朋友，也没有人约我去参加什么政治活动。在北平两年多时间，连颐和园这样有名的地方也没去过一次。最初，我把属于自己的时间都用来专门读外国文学名著（当时有的译本），反正我读过的书很少，见到这类书就读，有意接受一些西方影响，做些比较。

生活是寂寞的，我只能自己跟自己对话。

不久，我又手痒，接连写了几篇散文，寄给我所佩服的沈从文。那时他在主编天津《大公报·文艺副刊》。文章署名为严文井。

沈从文没有采用我的稿件，但也没有退稿，只给我回了一封短信，劝我每篇文章写好后要多修改几遍，不要急于寄出。这个"多修改几

遍"就成为我以后写文章的"准则",终身遵守。

这些文章,意外地先后在萧乾主编的《大公报·文艺》和凌叔华主编的《武汉日报·文艺副刊》上发表了。

以后,萧乾又把我的文章介绍给章靳以主编的上海《文季月刊》。

章靳以在一九三六年为上海良友公司主编一套"散文丛书",他计划的十二本散文集中也有我一本。这完全在我意料之外。于是我编了散文集《山寺暮》寄去。这本书于一九三七年春出版,这是我的第一个创作集。

我的稿费收入不高,但由于文郁提供我一间免费的房子住,我又没有任何结婚的念头,我就起了一个新念头:舍弃图书馆每月的固定收入,换取更多的自由时间。不久,我就向北平图书馆提出了辞职。图书馆的领导当然不会有异议。

我从事这种"专业写作"没几个月,"七七事变"突然爆发。我凭直觉判断:抗日战争这次一定会打起来,北平不久一定会被敌人占领,而我是不能当"顺民"的。七月十四日,我就匆匆离开了北平,经过上海、芜湖,于八月间回到了武汉。

在武汉的两个多月里,我十分苦闷。我无事可做,也没有文章好写。日本军队节节进攻,而我对中国的抵抗,不能出一点力。于是和几个朋友商量,如何设法去延安参加"抗日军政大学"。这样做,我实际上是改变了原来抱定的"对政治冷淡"的态度。

十一月初,我秘密离开了父亲家,和一群武汉大学的学生一起,开始了新的旅程。

这是一个漫长的旅程,一直延续到现在。这个旅程虽然平淡,可也不太简单,不是现在三言两语可以说清楚的,这个畸形的小传只好暂时终止在这里,剩下的部分留待将来有时间再说。

我仍在路上

现在我仍然活着，也就是说，仍在路上，仍在摸索。至于还能这样再走多少天，我心中实在没有数。

我仅存一个愿望，我要在到达我的终点前多懂得一点真相，多听见一些真诚的声音。我不怕给自己难堪。

我本来就很贫乏，干过许多错事。

但我的心是柔和的，不久前我还看见了归来的燕子。

真正的人正在多起来。他们具有仁慈而宽恕的心，他们有眼泪，但不为自己哭。

我仍在路上，不会感到孤单。

我也不会失落，因为再也没有地方可以容我失落。

写给金太阳

太阳是一只每天都从我们的头顶上掠过的鸟儿。

鸟儿的翅膀呢？我怎么看不见它的翅膀？——童年时代的我曾经这样发问。

老人说，它远啊。你看远远的鸟儿，你看得见它的翅膀吗？

它可不像鸟儿在飞！它在我们的头顶上待着呢！——我还是不明白。

老人说，它远啊。它怎么没飞！它一天就从天东头飞到了天西头，哪只鸟儿能这么飞！

它到哪儿去喝水？到哪儿去睡觉？——我望着老人坏坏地笑。

老人说，它飞了一天了，就到一个叫汤谷的地方歇着去了；飞了一天了，身子也脏了，就到一个叫咸池的地方洗澡去了。晚上，它又到一棵很大很大的树上睡觉去了——那树叫扶桑。第二天，它就从扶桑树上飞起来。它要飞起来的时候，翅膀就发出光来了。先染红了天边的云彩，又映红了天边的海水。它就那么把翅膀一扑扇，腾地飞起来了。它一飞起来，天下的鸟儿都啁啾欢唱，也扑扇起翅膀来……

其实我还有很多很多问题。譬如，那个汤谷，那个咸池，究竟在东边还是在西边？太阳，这只金色的鸟儿，它可是从东边飞到西边了呀，它从哪儿又绕回东边的呢？又譬如，那棵很大很大的扶桑树，它种在哪块地上？用不用浇水？用不用培土？……然而，就在老人说到那只金色的鸟儿如何抖动翅膀，放出光来的一刹那，说到它腾地飞起来的一刹那，无数的疑问似乎已经被我忘得干干净净了。是的，那只金色的鸟儿就是这样飞起来的——它抖抖翅膀，云彩红了；它抖抖翅膀，海水红了；它轻轻地舒展它的身躯，腾地跃起，确实就像鸟儿一样飞翔起来……

长大了才知道，老人的故事来自远古。

远古就有老人的故事。远古也有孩儿似的疑问。

我读过屈原的《天问》。我记得他提了一百七十多问。我觉得，他朝天发问的时候，他的心已经很老很老了，可是他提出的问题和我孩提时代提出的问题一样，刨根问底，无尽无休。

我也读过屈原的《离骚》。我记得他也曾一时把所有的疑惑置之脑后。他说，漫漫长路啊，何等遥远，我将上下而求索。我要到咸池饮饮马，我要把马缰拴到扶桑树上歇歇脚，我要折一根嫩枝拦挡太阳，让我走得从容而逍遥……他的沉迷却又和我孩提时代的沉迷无异，多么美丽多么斑斓！

金色的太阳是一只天天都从我们的头顶上掠过的鸟儿，是一只自有人类以来永远引人疑问却又令人沉迷的鸟儿！

启　示

这一年只剩下不多几天了，我一直在思考着，如何向你表达一下我的祝愿，对新的一年，对你，也对我自己。你当然懂得，为达到这样一个目的选择恰当的语言，并不很容易。

我想了许多，总是离不开你的一些事。

你喜欢水仙花，可是今年你却没有弄到它，这怪我没能帮助你。我想你会更加渴望水仙的清香和洁白。我知道你还有一些别的渴望。渴望加深，奥秘就会为你打开大门。

你的收入很少，可是你从不愁眉苦脸（我常常看到你天真的微笑），我知道你曾经从自己的胸前摘下一枚美丽的纪念章（一条金色的龙在白云间舞动），送给一个不能远游的老人。你高兴地问："好看吗？"我觉得你是富裕的，因为你不但不乞求，而且还在给予。

你说你不怕歉收，在歉收之后继续播种。你去田野，总是赶上了早晨的雾。但是，不用悲观。因为在雾消散之后，就会剩下纯粹的早晨。

你听见过号角的声音，懂得各种号声的含义。在熄灯号吹响的时候，你常常闪过另一个念头：起床！你的神经很正常，这一个跳跃，使一个好的思想升得更高。

你把风看成新鲜空气。

你把雨看成甘美的水。

虽然你也一度想过躲避，但你总是再度提起精神，在新的搏斗中迎接新的艰辛。

你把时间握在手中，你这双搬运过无数蜂窝煤的手已经翻开过几千种各种各样的书，我说不上你还切割过多少铜片和铝片。我得到过你赠给的一个用铜片切割成的少女剪影。我一直把这个剪影压在我的台历上，我每翻过旧的一页后，这个少女必然出现在新的一页上，作为一个奇迹的证明。

你占有的空间不大，当你收留一个朋友挤在你冰冷的小床上过夜的时候，我就想起一种松树，它们专门在岩石缝里生长。于是你也掌握了空间，改变了空间。

这都是你，已经说明了一切，无须我再冥思苦想额外的东西。

我所能说的只有这么一点点：

母亲在你背后，道路在你面前。

母亲为你举灯照明，只要你永远记得那道光，道路就永远不会从你脚下消失。

我该说的已经说完，与其说是我祝福你，还不如说我是从你那里得到了启示。

谈悲哀

大概不少人都是喜欢对自己搞一些装饰打扮的。某些人喜欢装饰，更多的是出于情感上的需要，因为他们认为可以从装饰打扮中获得一种愉快。把头发烫得弯弯曲曲，在嘴唇上染上一些红胭脂，可能使别人感到"漂亮"，引起别人的愉快，但更多的可能是自己认为这样做准能引起别人的羡慕而使自己感到愉快。某些人更想让别人承认他们的感情是美丽的、强烈的，这一点甚至比形体上的美丽和强壮更为重要。他们也喜欢别人称赞自己的"不平常"的性格。例如：有的先生把自己比作贝多芬式的，有的女士把自己比作邓肯式的。谁也不能禁止他们这样做，正如同谁也不能禁止长雀斑的少女使用厚厚的铅粉一样。

人们的装饰，大概也遵守了一种原始的美学观点，每每喜欢选取自己所缺乏的素质，以此来弥补自己不足。这就是为什么某些商人喜欢布置一个古雅的书房，某些老太太喜欢穿鲜艳的衣服。

由于同样的原因，有些人就哼出了"淡淡的哀愁"的诗。他们也谈苦恼和悲哀。这样的人如果像七月的金苍蝇一样到处嗡嗡地飞，这倒真是叫人感到苦恼和悲哀的。

希腊神话中，有一个唐太洛士，因为得罪了宙斯，被罚住在地府中，头顶上有一块随时都会坠落下来的石头。当他饥饿时，他要采一个伸手可及的果实，果实却被大风吹入了云中。当他干渴时，那淹到嘴边的水却突然干涸了。我想，悲哀于唐太洛士是真实的。

如果现代的唐太洛士们并没有任何过失，我想这悲哀将不仅是"悲哀"一个词儿可以形容的。

我们要看见活着的唐太洛士，首先得拨开绅士们驾驭的彩云，和闲得无聊的闺秀们制造的"惨雾"，拿掉那些用"淡淡的哀愁"做出的心灵装饰品。

虽然谁也不能禁止装饰，但装饰究竟只能起到装饰的作用，不过如此。

春节忆父亲

还有几天就是春节了。想到我童年时期的春节，眼前忽然浮起了父亲愁苦的面容。

在我的印象里，父亲对于过年不大热心，而且在那一阵，总是显得有些不高兴。有几次他还因为母亲办多了年货，跟她争吵起来。当时我们虽然不敢作声，可是心里是同情母亲的。我们实在不懂为什么那可口的鱼肉、七巧果盒里的甜食、美丽的大红蜡烛，和一包包的鞭炮会引起他的烦躁。

不过，偶尔也有例外的情形。我记得有一两年的春节，父亲兴致很高。在除夕前好几天，他就买纸自己动手扎花灯。他能扎飞机灯和轮船灯。这样的灯街上没有卖的。除夕晚上，他让我们提着灯跟他上街。他很得意地观察街上的人怎样欣赏他的手工。这样转一趟回家，他禁不住还要和母亲说说笑笑，和孩子们打打闹闹。就是可惜这样的春节不多。

父亲好多年来就是中学英文教员。据说他在清末曾经是一个激进的新式人物，还一度参加过辛亥革命。他反对旧式婚姻，不信宗教。我很小的时候，就常听他说人是猴子变的，耶稣不能死而复生这一类的话。可是在吃年饭的时候，他又讲起忌讳来了。如果这个时候孩子们偶尔说了"死"和"病"这类不吉利的字眼儿，那一定会引起他的不高兴。

你说他这方面有些迷信保守吗，可是他又不怎么尊重那些旧的风俗习惯。他从来不守岁，也不准孩子们守岁。这也使得我们扫兴。我们非常羡慕别家的孩子，他们通夜不睡，又吃又玩，该是多么快乐啊！

大概是我十二岁的那年吧！除夕晚上，父亲还是和平常一样在十点多钟的时候睡觉了。我和两个大一点的弟弟商议好，大家悄悄守岁，说什么也不睡。这件事做起来真不容易。我们只不过坚持了两个多钟头，就感觉没有味道了。零食早已吃光了，鞭炮早已放完了，蜡烛也灭了。后来，火盆里木炭也烧尽了。我们手脚都冻得痛起来了，只好上楼，和衣坐在自己被子里。后来还是母亲给了我们台阶下。她听见我们叽叽咕咕说话的声音，就起来给我们一人吃了一碗红枣汤，哄我们睡下了。

我到十五六岁的时候，才开始懂得了父亲的一些心情。他一生道路上充满了坎坷，心里很少真正快活过。每过一次年，他确实就像过一个大难关。这时候前面摆着的差不多是同样的问题，如何找到工作，和对付可能的失业，如何借钱和偿还旧债。对于这样的生活，他越来越想反抗。他经常在家里大骂国民党和蒋介石。但是他没有找到进行反抗的积极有效办法。

一九三三年春节时，发生了下面这样一件事情。

这一时期，父亲和学校当局的关系很坏，眼看不久又有受排挤失业的危险。旧年又来了，家里剩的钱很少，他心情很坏，不知道怎样才能度过这个年关。

除夕那天，他忽然有了主意，想出了一副对联，五个字一句：

莫忘新国耻，

不过旧历年。

这对联还显得不完整，他继续推敲了一阵，和我这个长子一起，把对联改成七个字一句：

大家莫忘新国耻，

小宅不度旧历年。

他特别满意"大家"对上"小宅"，兴奋起来，马上出去买了红纸，托一个字好的朋友把对联写好，回家就贴到两扇大门上。他很高兴自己发明了这个可以安然度过年关的办法。

初一早上，他还怕有人来拜年，就带着我们几个大一点的孩子出去看电影。在外面，他的情绪始终很好。但是我们回家的时候，忽然发现那副对联已经被扯掉了，门扇上只留下几片红纸角。父亲非常惊讶，就问母亲是怎么回事。原来当父亲贴那对联的时候，母亲担心那样做法会得罪人，就反对过。孩子们虽然不懂这许多，可是也反对贴这对联。因为不管得不得罪人，反正不能不过年呀。当时父亲没有理这些意见。第二天早上，我们出去以后，我的四弟忽然灵机一动，就自告奋勇去揭掉了对联。这一来几乎使得父亲的计划落空。因为对联揭掉后，就有人来家拜年了。听到这情况，父亲马上暴跳如雷，抓起鸡毛掸子就满屋追着四弟打。这一场风波足足闹了半个多钟头。打过了四弟，父亲气还不能平。他立刻又找来一张白纸，不做什么对联，也不管自己字的好坏，提笔就写了一段话。大意是：我不过年，不想给人家拜年，也不愿意人家给我拜年。希望来拜年的人不必进屋自讨没趣。这张字条张贴出去以后，就没有一个人来拜年了。父亲也一连几天皱着眉头，待在家里不出去。这个春节就这样在一种难堪的气氛里悄悄度过。不久，父亲被学校解聘了。

两年以后，我离开了家，越走越远，从此再也没有和父亲在一起度过一次春节。在这个世界经历着巨大变化的时候，时光运行显得是多么快啊。现在，又一个春节要来到的时候，父亲去世已经五年多了。

父亲啊！为什么你的面容总是显得这样烦恼、恐惧和愁苦呢？难道这些就代表你的性格吗？难道你就不喜欢欢笑吗？不，不是这样的。父亲啊！我知道你是多么盼望幸福的和平的生活！你是多么喜爱节日里的欢乐气氛啊！那么，你就笑一笑吧，笑一笑吧，就好像现在你能和我们在一起过一个快乐的春节一样！

啊，你盼望的那个原野

看着你的画像，我忽然想起要举行一次悄悄地祭奠。我举起了一个玻璃杯。它是空的。

你知道我的一贯漫不经心。

我有酒。你也知道，那在另一个房间里，在那个加了锁的柜橱里。

现在我只是单独一人。那个房间，挂满了蜘蛛网，积满了厚厚的灰尘。我没有动，只是瞅着你的面容。

我由犹豫转而徘徊。

我徘徊在一个没有边际的树林里。

这儿很丰饶，但有些阴森。几条青藤缠绕着那些粗大的树干，开着白色的花。青藤的枝条在树冠当中伸了出来，好像有人在那儿窥望。

我绊绊跌跌。到处都是那么厚的落叶，歪歪斜斜的朽木，还有水坑。

我低头审视，想认出几个足迹和一条小径。也许我是想离开树林。我可能已经染成墨绿色了，从头到尾。我干渴，舌头发苦，浑身湿透。

我总是忘不了那个有些令我厌烦的世俗的世界。我不懂为什么还要回到那里去。可是我优柔寡断，仍然在横倒的老树干和被落叶埋着的乱石头之间跌跌绊绊，不断来回，不断绕着圈儿。这儿过于清幽，反而令人感到憋闷。

"七毛啊——回来吧！"一个女人在叫喊。

"回来了！"另一个女人在回答。

"七毛啊——回来吧！"

"回来了！"

一个母亲在为一个病重的儿子招魂。一呼一应，忧伤的声音渐渐远去。

那是五十多年前的一个夜晚。记不清是一个什么样的夜晚，但那的确是一个夜晚。那个小城市灯光很少，街巷里黑色连成一片。

"魂兮归来！"

"魂兮归来！"

一片黄色的木叶在旋转着飘飘而下，落在我的面前。也许这就是他，他失落在我的面前。我张口呼喊。然而我听不见自己的声音。一片寂静。难道我也失落了？我又失落在谁的面前？

如果真有那么一个人，我很想看见他。只有一阵短促的林鸟嘶鸣，有些凄厉，随即消失。那不能算回答。

那飘忽不定的是几个模糊的光圈，颜色惨白。那一定是失落到这儿的太阳。

有微小的风在把树林轻轻摇晃。

"不要看，快把眼睛闭着。你的眼睛反光，会暴露目标。"

九架轰炸机，排成三排，正飞临我们上空。它们的肚皮都好像笔直地对着我们躺在里面的那个土坑，对着我们。

"驾驶员看不见我的眼睛。"

"不，看得见的。你的眼睛太亮。"

你伸出一只手来遮住我的双眼，又用一只胳膊来护住我的脑袋。你毫不怀疑你那柔弱的胳膊能够拯救我的生命。上帝也不会这样真诚。

轰炸机从这片田野上空飞过去了，炸弹落在远方。战争过去了，我们安然度过了自己的青春。但是，总是匆匆忙忙。

你躺在那张病床上。

你并不知道那就是你临终的病床，说：

"明年我们一定要一起出去旅行，到南方。你陪着我去那些我没有去过的地方。"

你还说：

"可怜的老头儿，你也该休息休息。"

在昏迷中，你还有一句不完整的话：

"……那个花的原野，那个原野都是花……"

就这样，你一点点地耗尽了灯油，熄灭了你的光。

我和几个人把蒙着白布的你从床上抬起。我真没有想到你有这么沉。

护士们来打开这间小房的窗扇，让风肆意吹。这些窗扇好久没有打开过，你总是幻觉到有股很冷的风。

我提着那个瓷坛走向墓地。瓷坛叮当作响，那是我母亲火化后剩余的骨殖在里面碰击。

我尽量走得慢一些，也不断调整我走路的姿势，但无法找到一个更妥当的办法，避免这样的碰击。

一些路人远远躲开我。他们认得这种瓷坛。

我母亲不会这样对待我。当我在她肚子里的时候，我得到的只能是温暖和柔和。即使我有些不安分，她也不会让我碰击作响。她用自己的肉体装着我，我用冰冷的瓷坛装着她。那个给予和这个回报是如此不相称。我的后悔说不完。

我正在把母亲送往墓地。一片宁静，我没有听见母亲说话的声音。

我仍在密树和丛莽之间转圈儿。

这也许是一个我永远无法穿过的迷宫。树叶沙沙作响，无边无际，无始无终。也许一阵暴风雨就要来临。

突然响起了一个闷雷，在一个不知道的远方。

我也许会永远失落在这里，也许。

我是这样矛盾。喜欢孤寂，可又害怕与世隔绝。

这么热。这里可能有一团厚厚的水蒸气正在郁结。可是我又看不见那股灰白色的热雾。

我已满身湿透，我仍在转悠。

我多么希望听见你的一声呼唤。哪怕是嘲笑，甚至斥责，只要是你的声音。

你太善良了。我有失误，你总是给以抚慰；我有不幸，必然会引起你的忧伤；我对你粗暴，你只有无声的眼泪。

"魂兮归来！归来！"

只有树叶沙沙作响。

那个时候我们真是无忧无虑，只要能够行走就会感到海阔天空。

那片高原上有黄土，有石头，有酸枣刺，还有溪流。溪流里还常

常看到成群的小蝌蚪。我们老是沿着弯弯拐拐的山沟跋涉，不知道哪儿是尽头。

我绝没有想到你后我而来，竟会先我而去。决没有，决没有。

"魂兮归来！归来！"

现在我脑子里独自装着那些山沟，我只好勉强承认那个有些神秘的尽头。

现在我正跟着一大队奇装异服的人去开垦一块"沼泽地"，一个美丽的湖。大水还没退尽，一片泥泞。这是一个多雨的地方。我们不少人滑倒了，每个人都是大汗淋漓。如果你看见这个场面，肯定又会说："可怜的老头儿！"

不，我们不应该讨人怜悯，更不必为自己伤心。

前面有一片高地，地面铺满了小草，竟然一片翠绿。

你定会代我感到高兴，再前面又突然出现了一丛丛野花。

紫色的一片，红色的一片，蓝色的一片，都是矮矮的，紧紧贴着地面。它们没有喧嚣，更不吵嚷。只是一片宁静，一片安详。

我叫不出那些小小的野花的名字。我的最高赞美只有一个字：花！

正如同你就是你一样，它们就是花，就是美，就是它们自己。

我很想为那些野花野草多流连一会儿，但是没有办法。我们并没有参加一场战争，也没存心冒犯谁，一夜之间却变成了自己同事的"俘虏"。我们还得继续在无尽的泥泞里东歪西倒，去开垦那片"沼泽地"，那个美丽的湖。那是命令。唉！那个年代！

虚妄逐渐退却，幻影慢慢隐去。我终于在树林中找到了一片开阔地。这里有许多蘑菇，许多野花。一片宁静，一片幽香。这不就是你说的那个"花的原野"！

我想你早就想象过这样一个原野，而你白白盼望了一生，等待了一生。

我终于明白了你未说完的话的意思。

我颠三倒四地向你说了这么一大堆，你当然记得这是我的禀性难移。你在倾听，带着我熟悉的那个笑容。你从来不嫌我啰唆。

不必再呼唤你的归来，你根本就没有离开。你就在我的身边，每朵花都可以证明。

我放下了酒杯。

原谅我，我忘记了你是不会喝酒的。美好的感情，不靠酒来激发。我们的心很柔和，还要继续保持柔和。

你应该高兴，我们正在走向花的原野。

啊，你盼望的那个原野！

小草哀歌

——悼茅盾先生

太平间里静悄悄。

年老的男护士默默地打开了一个漆着深绿色的钢铁柜门。

覆盖您的白布被掀起了一个角。

我这棵小草不禁折下了腰，久久直不起身子来。我感到背脊上一股寒冷。

是真事吗？这一切都是真的吗？

不错，这是您。

我们来晚了。昨天我在干些什么呢？

"沈先生！"

您没有动。但您正在回答，像往常一样。可能您身体太衰弱，我没有听见您的声音。

您的面容特别平静，更显得乐观，沉着而理智。

您是闭着眼在沉思。

巴黎还在等待您去，东京的学者还有问题要您解答，苏格兰的汉学家还想继续访问您。您的《回忆录》还没有写完。还有，无数的题字、题签、信件也在等着您拿起笔来。这数不尽的劳作啊谁能说得清？

不，您有权利休息一下，实在应该休息一下了。

我们过去打扰您太多，太过分。

您需要安静。

我们悄悄退出了那个无声的太平间。

天色灰蒙蒙，却又透出了一片淡淡的阳光。好像有点风。

我木木地走着，我的感觉迟钝。

为什么周围是这样宁静，连奔驰着的大小车辆都不发出响声？

是真事吗？这一切都是真的吗？这当然是一个愚蠢的发问。

我从狭窄的窗口望出去，看见一片云。

啊！您已经开始远行，乘着风，向着那个无穷无尽的远方。

我有无数的追悔，那又有什么用，您已经悄悄启程。

我想送您一个花圈，这个花圈将用各种杂草扎成。

也许这会合乎您的心意。不久前您还说过，有的草也能开花。我记得，您喜欢刚刚开放的花，喜欢即将开放的花。我也记得，您为杂草辩护，那是为了可能开放的花。

我想您不会见怪，如果我的花圈不慎也扎上了几棵不开花的草。

期待和远见产生了您的慎重，大度和渊博产生了您的宽容。

在您面前，青年学艺者们从来不感到拘束。虽然烦琐、浅薄、平庸，大家总是能对您说出自己心里想说的话。

一代又一代的青年学艺者相继找您求教。您总是耐心地倾听，然

后平静地解说，微笑里透露出仁慈和鼓励。

能给予这样的仁慈的，唯有真正的长者。

能给予这样的鼓励的，唯有真正的勇士。

我忘不了您那双同情的眼睛。在您面前，小草有了继续生长的信心。

如果可能，我将献上这样一个小花圈，上面扎着青草。如果不可能……

我的眼睛湿润了。我想那不是泪水，是您留在小草叶片上的雨露。小草有时也能唱一个小小的哀歌。

但是，不要悲伤，悲伤会违反您的主张。

我再一次从狭窄的窗口望出去，看见一片朦胧的光。

先驱者啊！您正乘风远行。

您频频回顾，好像不忍离去。

回头再看一眼吧，这里是您出生的故土。

回头再看一眼吧，这里有您执着的人生。

回头再看一眼吧，这里有一代又一代的青年，他们总是在探讨，要改变民族的命运，创造祖国的前途。

我对面的屋檐下有什么东西在摆动，那是一条枯萎的藤子，或者是一缕陈旧的蛛丝。仍然有点点风。这不过表明：这里正在由寒转温，由冬转春。

请您放心！

我抬起头，仰望那个隐隐约约的高处。您应该就在那里，只能在那里。但天际茫茫，我没有双翼，不能跟踪寻觅。

先驱者，先驱者啊！您竟坦然离去了吗？

　　这一切都不可相信。我不信。我仍然感到那保持在我手心里的您的手的余温，我仍然听见您那平和而耐心的声音。

　　有什么声响在我耳边震动了一下，不知道是谁在碰撞我小院的门。

　　我拿起了桌上的《蚀》。扉页上写着"一九八〇年七月"，这是半年前您的亲笔手迹。我第一次读您的"三部曲"，接受启蒙，距现在大约已经过了半个世纪。半个世纪，算不清人世间已经经过多少次"日食"和"月食"，但日月总是再度显出光辉。

　　先驱者，先驱者啊！终于您可以放心，放心地离去。

　　您确实已经离去，这一切都是真实的，真实的，无可再怀疑。

　　我不过是小草，承受过您雨露的千万小草当中的一棵。为了寄托哀思，我只能唱一个歌，一个卑微的、近于无声的小草哀歌。

悼沈从文先生

一九三五年秋天，我接二连三寄了几篇习作给沈从文先生。当时他在主编天津《大公报·文艺副刊》的星期天版。当然，我有投稿的意思，更重要的是想让这个风格独特的美文家看看我的文章，了解我的一些情感和情绪，得到他的认可。我这行为是一种幼稚的冲动。正当我对这一点有所认识而开始后悔的时候，某天忽然得到从文先生一封短简。他批评我写得太多太快，劝导我多动手修改自己的文章，学会自己修改自己的文章，没有一个字提到我那些小文章的下落。

这封短简对我一生可是一件大事。对那几句近乎冷冰冰的话我一连看了好几遍，反复玩味他那唯一的要求。从此以后，我就照着他的话做，写了文章不急于寄出，先挑挑毛病，修改几遍之后再说，终于逐渐从修改中体会到了写作的艰难和乐趣，但那都是后话。

从文先生没有在他主编的刊物上采用我的文章，可是也没有枪毙它们。没过多久，我那些小文章就在萧乾和凌叔华主持的报刊上陆续发表了，这不用多想就能明白是经过谁的手转去的。

一九三六年春，由萧乾同志代表天津《大公报》来北平请青年作者们吃饭，我第一次见到了沈从文先生。我没想到他是一个非常瘦弱文雅的人，一点也不像是当过兵的。他不会喝酒，也不健谈，老是微笑。也是这一次，我结识了张桂（屈曲夫）、刘祖春、胡昭衡（李欣）、黄照、田涛等年纪和我差不多的人，和年纪较大的杨刚、李君彦（李威深）等。

此后，从文先生大约每隔一两个月就要邀约这批年轻人在北海公园或中山公园聚集一次，喝茶并交谈。用今天的话，也可以说是开座谈会。不过每次座谈都没有主席和议题。如果说有一个核心人物，那就是从文先生。

这群人当时都不善于言谈，更不会长篇大论，大家谈了些什么，今天我已经完全没有印象了。

沈从文先生是我们当中的长者，对他的话我还记得一些。

给我印象最深的，是他以"乡下人"为自豪。当他提到"乡下人"这个词的时候，流露出他对"城里人"的一种莫名的愤慨。我不是"乡下人"，而是个对"城里人"了解不多的"城里人"，不懂他的意思，又不好意思问他，为什么他有那样的愤慨。最近几年，重读他一些作品，发现他对市侩习气有一种深恶痛绝的情绪，仿佛可以得到一些解答，但详情依然不甚了了。我只能猜想他脑子里有一个形成已久的人生价值观念和道德准则，不了解这一点的人是无从参与讨论的，这大概只有通过他的作品，依靠今后的研究者来分析和判断了。

他常说：作家要一辈子不断写作品，不能以写作为敲门砖，靠投机和当官来求名。

有一次，大家不知怎么扯到了自杀的问题，我说：我不会自杀。如果我有自杀的勇气，我就要杀人了。沈从文先生看了我一眼，仍然微笑着，说了短短一句：人不应该杀人。我一辈子都记住了他这句话。最近重读他的自传，忽然注意到这样一点，他在少年时代看过不少次杀

人，见过许多被杀的尸体，听过许多残酷的杀人故事，这也许是他得出那个结论的一些根据。当然，事情不会这样简单，关于人的行为，人与人的关系，怎样才算是人，他一定思考过许多。

从文先生对于美具有一种特殊的敏感。他涉猎的范围很广。他曾向我们谈到过一些文物，欣赏那些东西的造型美。虽然不是专门谈考古，但当时像我那样知识和兴趣都十分狭窄的年轻人对这类问题是难以插嘴的。后来我在这方面的知识也不见有所长进，对他所谈的具体内容因不在行而全部忘却，只记得他最寄以深情的一个字：美。

一九四九年以后，沈从文先生能够专门从事古文物的研究，可以说在三十年代就打下了基础，但我不相信他当时已经立意以后要专门研究中国古代服饰。命运逼迫他在年富力强的时候就离开文学创作，只差完全放下笔杆，总令人感到可悲。

一九五一年以后，沈从文先生和我在北京再度相遇，并不断有些来往。我自己名曰文学工作者，实则除少量八股文外很难有真正的创作，而从文先生则连文学工作者这名义也都没有了。我们见面，从不谈文学。

那时期，我先在中宣部工作，后到作家协会工作，基本上都是在打杂，从文先生曾专门为住房问题来找过我几次。

当时对他的评价和待遇都很不公正，而我的能力又很差。奔走的结果，只为他一家几口人请求到了两间小平房。"文化大革命"一来，两间房还被"革"掉了一间。后来总算给张兆和同志在另一条胡同里弄到了一间平房，他们夫妻就只好实行"同地"分居。他们俩谁也没有厨房，有时候张兆和同志就在她那边设法做好饭菜送来；有时候，兆和同志就在从文先生这边一间房的门外过道上生一个蜂窝煤炉子做饭；有时候，从文先生就暂时挤在兆和同志那边，以便就食。

后来，从文先生在兆和同志那间屋子的门外种上了一圈花草，变相围了一个小篱笆，充当露天写作营，占地约两三米。《中国古代服饰研究》相当一部分文字可能就是在这片小土地上写成的。当然，只有春末到秋初才能过这样的户外写作生活。至于冬天，从文先生如何在那间连材料也铺不开的小屋里写作，实在无法想象。

我为拜访他去参观过那个"小花园"。他虽然不无牢骚，但结果总是带着他那特有的微笑，热心地谈着他的研究和写作计划，以及如何利用中国古代文物上的图案花纹来改进中国商品装饰等等问题。啊！他肚皮里的东西真多！

如今，他微笑着去了。世间的虚荣，他一点也不要，却认真留下了实实在在的等身著作。然而，据我所知，他还有许多东西没有写出来。想起这一点，无论如何也是令人惋惜、值得悲叹的。呜呼！

他的存在，是谁也抹杀不了的。

六十多年前，他一个人从湘西走出来，孤孤单单。现在当他离开这个世界的时刻，他已经超越了故土，属于各个地方，属于众人。

他是一个慷慨的给予者，我们已经收下了他的馈赠。

他来了，又去了，一生曲曲折折，辛辛苦苦，但是不虚此行。

他是一个人。

图书在版编目（CIP）数据

永久的生命 / 严文井著. -- 北京：作家出版社，2020.7
（部编语文教材配套阅读丛书. 中小学生阅读丛书）
ISBN 978-7-5212-0984-6

Ⅰ．①永… Ⅱ．①严… Ⅲ．①散文集 – 中国 – 当代
Ⅳ．①I267

中国版本图书馆CIP数据核字（2020）第084605号

永久的生命

作　　者：严文井
责任编辑：郑建华　乔永真　李　雯
装帧设计：揽胜视觉
插　　图：李　敏
封面题字：邱鹤亭
出版发行：作家出版社有限公司
社　　址：北京农展馆南里10号　　　　邮　　编：100125
电话传真：86-10-65067186（发行中心及邮购部）
　　　　　86-10-65004079（总编室）
E-mail:zuojia@zuojia.net.cn
http://www.zuojiachubanshe.com
印　　刷：中煤（北京）印务有限公司
成品尺寸：165×240
字　　数：153千
印　　张：12.5
版　　次：2020年7月第1版
印　　次：2020年7月第1次印刷
ISBN　978-7-5212-0984-6
定　　价：29.00元